貨幣の窮極にあるもの

津曲 俊英［著］
TSUMAGARI Toshihide

一般社団法人金融財政事情研究会

はじめに

「貨幣の窮極にあるもの」という本書、随分と大仰な題がついている。この題をみて、おやっと思われる方々がおられると思う。そうそう、「法の窮極に在るもの」という尾高朝雄先生の有名な著作がある。法は政治という力がつくり政治という力が破るが、その政治は無法、無軌道ではなく、その根底に規範的意味をもつ「政治の矩《のり》」がある、という思考過程を示されたもので、かつて多くの学生が読んだ本であり、私自身も印象深い感想をもった。

私はこれまで、実務で日銀券の改刷（2004年）を担当したり、大学での研究などの経験を通して、貨幣に関する不思議な思いをもち続けてきた。授業の準備のために30年ぶりに尾高先生の本を読んだときに、貨幣についても「窮極にあるもの」を考えることが1つの路になるのではないかと思い至り、本書を書く契機となった。

貨幣に関する著述や思索は古今東西を問わず数多く、それなりに説得的なものもあるが、理解して納得できるものに未だ出会ったことがない。先人たちが自分を納得させていないにもかかわらず、自分で自分を説得できるのか、不安は常にあったが、とにかく取り組んでみることにした。「窮極」についてどのような思考過程を経るのか、試行錯誤を繰り返し、そして今でもその途中で漂っているが、とりあえずここで一区切りをつけてみることにした。「窮極にあるもの」を考える経路を示すことで、読者に何らかの気付きのきっかけを提供できれば幸いである。

2022年10月

津曲　俊英

序

貨幣については洋の東西を問わず多くのことが語られ、多くの貨幣とされるものが存在してきた。おそらく記録にも残らない類の貨幣も少なくないであろう。貨幣論にしてみても、「そもそも貨幣とは何ぞや」「貨幣が貨幣たりうる根拠は」「形態は」「デジタル化と貨幣の関係は」など、広がりは尽きない。それでも、現実の社会では多くの活動が貨幣を用いながらなされてきている。そこに不思議さを感じておられる方々も多いであろう。私自身も、貨幣については実務でも研究でも考えはするものの、十分に理解し納得することなく過ごしてきた。

自分の疑問の中心は「貨幣の窮極にあるもの」である。そのためには関連する多くのテーマについても考える必要があるが、本書では、次のように掘り下げていきたい。

まず、第1章では、貨幣という言葉や概念を整理する。

貨幣については、内外・時代を問わず、実に多数の出版物や論文が出されているが、噛み合わないものも多い。貨幣という言葉には多義性があり、同じく「貨幣」といいながら違う話をしていることがあるからであろう。ここでは、まず貨幣に関して用語や概念を整理してみたい。貨幣や通貨、お金などの言葉は、それを使う人や場合によって、一様ではない。貨幣という言葉の意味をいくつかに分けて考えることが、貨幣にかかる議論を理解するのに役立つだろう。

第2章では、貨幣と社会の関係において、貨幣発生の契機や貨幣を人々が欲しがる理由について、「交換」を中心にして「交換の媒介手段」としての貨幣の機能を深掘りしたい。そのうえで、その機能を具体化するときに求められてきたいくつかの要素に触れる。なお、ここでいう「交換」とは、「物々交換」だけではなく、人間社会の分業の成果物を提供しあうという意味で使っている。貨幣を通じる交換には、少なくとも最初（第1回目）の「売買」と、第2回目以降の「売買」が必要であるが、その間で貨幣が蓄積され、貨幣の取引自体が実物の交換から離れてしまうことがあり、今の市場経済においてはそちらの取引の方がはるかに大きくなってきた。ここでは、貨幣の発生と展開、機能を日本とアメリカを参考にしつつ、主に「交換」ということに着目しながら考える。

第3章では、交換の機能には4つの次元（異なる対象物、異時点間、異空間、異人間間）があり、貨幣がそれらの機能実現を果たすために求められる実際的な条件とはどのようなものかを考える。そして、貨幣の確実性と実効性、価値安定性、取引効率性と利便性、需要に見合った量の可用性、真正な権利者の公示性について、充足すべき要素や性質を述べる。

第4章では、貨幣が現実的に存在し、機能するための仕組みについて、前述の条件をどのように充足すべく工夫してきたのか、その形態、合意・規範、発行、統一化、管理運営、それらの時代適応をみることによって、社会的存在としての貨幣を検討する。貨幣は現実の経済取引における実用に耐えなければならない。これまで存在してきた貨幣を理解し、そこにどのような仕組みや制度・技術が工夫されてきたかを考える。これは今後の貨幣を考えるうえで参考となるだろう。

第5章では、貨幣の存在がもたらす諸課題を示す。貨幣は、古今東西の経済社会にとって必要不可欠かつ現実的なものであり、時代時代で変遷しながら社会で用いられ、その経済効果は大きい。反面、経済社会の変化が進むと、解決すべき問題や期待も生じるものである。たとえば、貨幣が存在することにより、混在と統一化、発券財政、インフレ、利子率、貨幣の蓄積、偽造といった現実的な課題が生じてきたことは認識すべきである。それでも、社会は貨幣を使い続けてきている。ここでは、さらに、今日的話題の中央銀行デジタル通貨（Central Bank Digital Currency：ＣＢＤＣ）にも触れたい。

第6章では、前記を踏まえて、現実世界で使われる「貨幣とされるもの」とその「貨幣の窮極にあるもの」との関係を明らかにしていく。人々が欲する貨幣の「窮極にあるもの」について、現在貨幣として存在するものの覆いを1枚ずつ剥いでいったときに、最後に残るものは何かを考えていきたい。もちろん、最後に残るものだけで貨幣の機能を果たすわけではないが、これにより逆に貨幣は仕組みや制度・技術の工夫と不即不離の関係にあることがわかる。その結果、様々に検討されているデジタル通貨も含めて、貨幣は必ずしも他から与えられる所与ではなく、自分たちの問題であることが理解できよう。

本書が、「貨幣の窮極にあるもの」を論ずる材料となれば幸いである。

目　次

第1章　貨幣という言葉の多義性

第2章　貨幣の発生と展開、機能

第3章　貨幣が交換機能を果たすための条件

第4章 貨幣の適応と工夫

第5章 貨幣の存在がもたらす諸課題

〈本書の留意事項〉

① 本書に含まれる情報に関しては、筆者が信頼できると判断した情報をもとに作成したものですが、その正確性・完全性を保証するものではありません。

② わかりやすさを優先したために、一部、省略・簡略化した表現を用いています。

③ 本書に記載されている内容は、執筆当時のものです。

④ 意見に当たる部分は筆者個人の見解であり、筆者が所属する組織を代表するものではありません。

第1章

貨幣という言葉の多義性

1　お金に関する言葉の使われ方

我々は、毎日、何らかの財・サービスを売買や貸借により入手することにより生活しており、そこでは何らかの方法で入手した「お金」を支払っている。その支払いにあてる「お金」は、必ずしも仕事・労働の対価として受け取ったりして得る「所得」ばかりではなく、借りて入手したものもある。ニュースなどで報じられるできごとや事件をみても、「○○円相当の効果（あるいは損失）が見込まれる」など、よいこと、悪いこと、普通のこと、いずれもお金に関わることがあふれている。人間は、お金から無関係でいることはできない。「地獄の沙汰も金次第」といわれることもある。地獄のことだから金次第なのだといった方がわかりやすいだろうが……（天国のことはわからない）。

言葉としての「お金」には、様々な言い方がある。貨幣、通貨、現金、金銭、マネー、キャッシュなどである（図表1－1）。また、「お金持ち」というときの「お金」には、「富」という意味で、預金や株式、債券といった有価証券などの金融資産は当然として、金塊、絵画、宝石、さらには不動産などの資産も入るかもしれない。それらの「お金」が何を意味しているかは文脈などのなかで考えるしかないが、同じ文脈のなかで使われていても内容が異なっていることは少なくない。

貨幣、通貨の概念に関する混乱は、法律を制定する国会の場においてもみられる。一例として、造幣局と印刷局を独立行政法人に改変するときの国会議事録を示したものが図表1－2である。

近年では、ビットコインなどの暗号資産（仮想通貨）に関して、それらは通貨・貨幣なのか、または通貨・貨幣になりうるのかといったことが、議論の対象となっている。ただ、「貨幣」という言葉の概念を共通化したうえでの議論にはなっていないように思える。

図表1－1 「お金」の様々な言い方

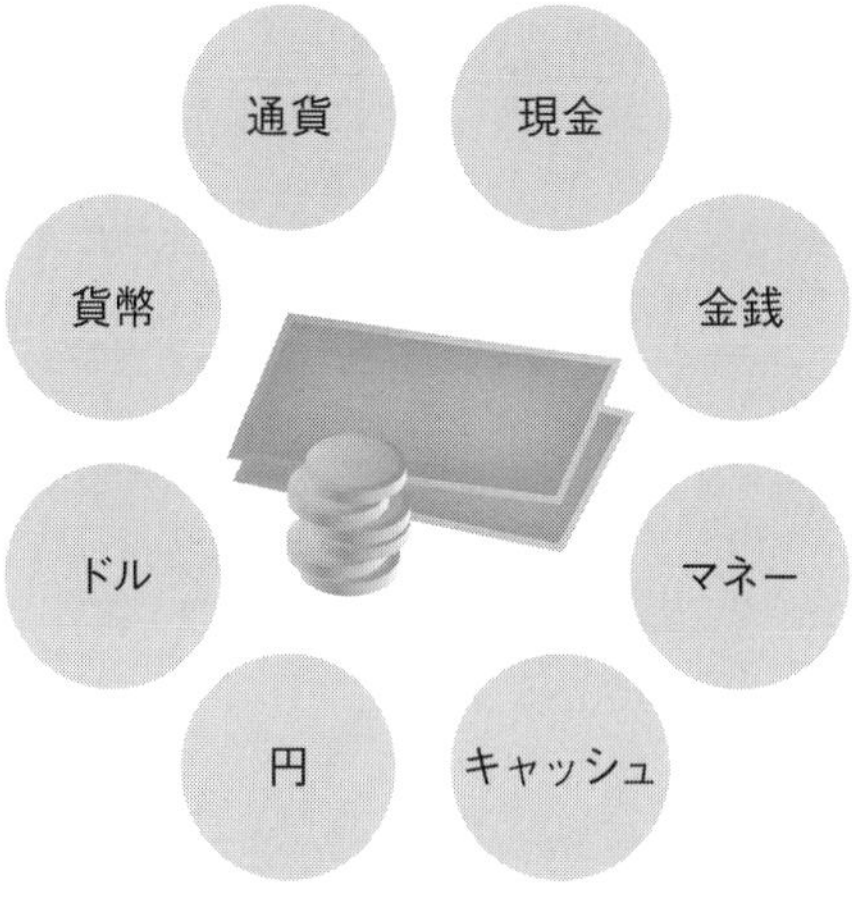

そこで、まず、「お金」に関するこれらの言葉が、どのような意味合いで使われているのかをみてみたい。

(1) 法的な言葉として

日本において、「お金」は円という名称が使われ、1円を単位として計算される。経済的な

図表１－２　国会における貨幣、通貨の概念に関する混乱（例）

［第154回国会　衆議院　財政金融委員会　第11号］

（2002年４月12日）

○佐々木憲昭委員　貨幣とか紙幣というのは一般の製造業と違うわけですね。お金の製造であります。一般の商品の製造とは根本的に違うというふうに思うわけです。大臣は、この業務の特殊性、これをどのように認識をされているか、まず最初にお伺いしたいと思います。

●塩川国務大臣　これは、申すまでもなく、国家の重要な根幹をなす行政の一翼を担っておるものでございます。それは、貨幣の発行権と貨幣の管理権というものが国にございまして、今回は製造技術、製造の部分だけアウトソーシングにして、それを独立行政法人とした、こういうことであります。

（中略）

●塩川国務大臣　この両業務の特殊性ということは、いずれも貨幣を供給しておるということ、これが事業の主体でございます。印刷も造幣も両方でございます。

［第154回国会　参議院　財政金融委員会　第14号］

（2002年４月25日）

○峰崎直樹君　貨幣という言葉が出たり通貨という言葉が出ているんですけれども、これどう違うのかなというのは、どういうふうに理解したらいいんでしょうか。

●副大臣（尾辻秀久君）　正直言いますと、私もいささか混乱をしそうなんでございます。貨幣とか通貨とかというのは、通常は私たちが話をしますときは同じ意味で使います。そこで、混乱のないようにお答えしたいと思うんですけれども、通貨が一番大きな言葉の意味であります。そして、この通貨の中にお札、紙幣、この日本銀行券が１つある。それからもう１つ、貨幣があります。この貨幣の方がコインの意味でありまして、この両方、こういうふうに呼んでおるところであります。

（出所）　国会会議録検索システム（下線は筆者）

価値を示す単位の1つとして「円」を使うのを、我々は当たり前のこととして日常生活を送っているが、これは、任意に勝手にそうなっているのではない。「通貨の単位及び貨幣の発行等に関する法律」（貨幣法）によって、通貨額面の単位は円とすることが法定されている（注1）。明治以降のもともとをたどれば、1871（明治4）年の新貨条例により、それまでの両（注2）（分、朱、銭）を改め、1両を1円としたものである。

しかも、貨幣法では「通貨」とは、有体物として、「貨幣」（いわゆる硬貨）と「日本銀行券」（日銀券、いわゆるお札）をいうと明文化されている。とすると、この場合、法的には「通貨」の方が「貨幣」よりも広い概念となる。なお、「日銀券」と「貨幣」は「法貨」とされている。通用力に関しては、日銀券は無制限に通用するものとされ（日銀法46条2項）、貨幣は「額面価格の二十倍までを限り、法貨として通用する」（貨幣法7条）補助貨幣とされている。

一方、商法では「貨幣、有価証券その他の高価品については、荷送人が運送を委託するに当たり」（577条）とあり、この規定の「貨幣」には日銀券も含まれると思われる。他にも、色々な法律によって異なる規定ぶりがみられる（注3）。

さらにみていくと、日銀法2条には、「日本銀行は、通貨及び金融の調節を行うに当たっては……」とあり、この「通貨」は有体物としての「通貨」だけではなく、価値単位としての「通貨」を含んでおり、預金通貨も明らかに含んでいるようである。財務省設置法には、「通貨に対する信頼の維持」（3条1項・4条1項55号）や「通貨制度の企画及び立案」（4条1項30号）といった言葉があり、この「通貨」には先に触れた貨幣法にいう「通貨」以外の概念が当然に含まれている。

「法貨」という言葉は、いっさいの公的または私的な支払いに用いられる貨幣として法定されたもの（注4）であるが、それは当事者だけでなく第三者に対してもこれによる支払いの法的効果を主張できるという原則を意味するものであって、他の貨幣の存在を排除したうえでの概念でもなさそうである。似たような言葉に本位貨幣を意味する「正貨」があり（注5）、少なくとも明治前期には法令用語として用いられていた。太政官の支払いにあたって「正貨」と「紙幣」が挙げられているが、それらは法貨として用いられたと考えられよう（注6）。言葉としては、「法貨」と「正貨」に加え「通貨」があることから、「貨」すなわち「広義の貨幣」という概念の存在が前提として想定されていることがわかる。とすると、日銀法や財務省設置法にいう「通貨」にみられる貨幣概念には広い裾野があることが理解できる。

このように、法的世界で使われる場合、「貨幣」と「通貨」にはバリエーションが存在しており、法令用語であっても、どのような法領域で「通貨」「貨幣」という言葉が使われているのか、注意してみることが重要である。

(2) 経済的な言葉として

他方、経済的には、もっと大らかである。

マクロ的には、「通貨供給」と「貨幣供給」という言葉の関係にみられるように、同じ意味で代替的に使われる場合が多く、その場合には文脈のなかでその内容を理解していく他にない。「預金」を「通貨」に含めて扱うように、経済取引の支払い手段として用いられる金融的資産であれば、多くの場合「通貨」あるいは「貨幣」として扱われる（注7）。

ただ、日本銀行の使用例をみると、「通貨」と「貨幣」の間に概念整理がなされており、貨幣を通貨と同意義に使われることはないようである。「通貨」概念については、貨幣法上の「通貨」概念から離れて広義の通貨として扱い、マネーという言葉に置き換えたうえで、確定的な概念とすることなく、どの範囲で「通貨」として捉えるのかについて、M1やM2やM3といったいくつかの基準を設けている（注8）。

マネタリーベース（ベースマネー）（日本銀行が供給する通貨のことで、市中に出回っているお金である流通現金（「日銀券発行高」＋「貨幣流通高」）と「日銀当座預金」の合計値）という言葉もあるが、これは銀行の信用創造のもととなっているマネーであり、マネーストック統計に示される各種マネーはこれを源泉とする。

現実の社会では、主として現金は小口取引で用いられ、商用や大口取引では預金通貨が使われることが多く、残高でみても預金通貨が圧倒的に多い。「預金」という言葉と「現金」という言葉は、共に「金（カネ）」という言葉を含み、片や預けた「金（カネ）」であり、片や実際にそこにある「金（カネ）」を意味するものである。これは、「貨幣の窮極にあるもの」を考えるときに示唆を与える。

(3) 価値単位の言葉として

ここまで、具体的に存在する諸形態としての「貨幣」や「通貨」の範囲についてみてきたが、もう1つ違った観点からもみてみよう。

「外国為替及び外国貿易法」の「国際収支の均衡及び通貨の安定を図る」（1条）や「本邦通貨」（6条1項3号ほか）といった場合の「通貨」は、具体化された貨幣や預金といった手段ではなくて、むしろ、お札に表示されている円という「単位である貨幣・通貨」そのものを指していると考えられる。インフレ・デフレで問題とされる「通貨の価値」そのものといってもよいだろう。というのも、同法では、「通貨」という言葉とともに（注9）、「支払手段」（注10）という言葉も使っているため、ここでは「貨幣」という概念に共にもたせることが多い価値単位としての「通貨」と「支払手段」とが概念上書き分けられていることがわかる。

また、国際通貨・金融の問題として扱われるときには、端的に為替レート（各通貨の間の交換レート）が問題となり、通貨は円高や円安として現れる日本の通貨としての「円」を意味する。それは、「お札、貨幣という有体物」や「預金という金銭債権・債務」というものではなく、日本において単位として使われている貨幣の経済価値そのものである。たとえば、外国為替令に「通貨の売買取引」（3条1項9号イ）という言葉があるが、これは円建ての通貨価値をドルなどの外国通貨と交換することであり、具体的な取引は各国通貨表示の「支払手段」としての預金などで取引決済が行われる。たとえば、「支払手段としての現金」を使用することでいわば「商品としての通貨」の取引を行うことに相当する。とすると、ここでは、「支払手段」は無色の経済的価値を示す手段であり、「通貨」はその色（価値単位）を示すものであるともいえよう。

(4) 価値の決め方

ここまで、有体物としての貨幣・通貨、マネーストック統計に表される貨幣・通貨、支払い手段としての貨幣・通貨、貨幣・通貨の裾野とが出てきたが、それらにいずれも付いて回る「貨幣・通貨の価値」または「その単位」とは何だろうか。

「通貨の単位」としてその通貨が単に（呼称として）円と名付けられたとしても、「通貨の価値」はその円が実体的なモノ・サービスの価値との関係で表されざるを得ない。その関係が変化すれば当然に、円という単位の名称はそのままであっても、その実体的な円の価値は変化する。金本位制度のように、法により貨幣の価値を物質的に（たとえば、１８７１（明治４）年の新貨条例では金１・５グラムを1円とした）定義することもあったが、現在の管理通貨制度では、法的に貨幣の価値が定義されることはない。

現在の管理通貨制度において、「通貨の価値」は、物理的に定義される度量衡とは単位定義の仕方が基本的に異なる。たとえば、１メートルは、計量単位令により、「真空中で一秒間の二億九千九百七十九万二千四百五十八分の一の時間に光が進む行程の長さ」（別表第一（第二条関係）の二）と客観的に定義されている。しかし、円はそのような定義はない。これを長さにたとえると、メートルという呼称で表すが、１メートルがいくらであるのかは定められていないという状況になる。

つまり、結果的にわかるものとしての1円で買えるモノ・サービスの量が円の価値（購買力）となるとしかいえない。貨幣価値は、特定の水準ではなく、物価全体の動きからその価値の動きを知るしかない。もちろん対外的な価値は為替相場でみられるが、一般物価水準は厳密に客観的に計測できるわけでもなく、消費構成は基準年から時とともに、また地域によっても変化する。現在のような管理通貨制度のもとでは、単位としての貨幣はその価値の質的量的内容が客観的に厳密に定義されることがない。

ただ、だからといって、価値単位として用をなさないかというと、そうでもない。少なくとも、人々は1円の価値感覚をもっており、また財・サービスの価格は円で表示されており、貨幣の内容的単位性は、あいまいではあるがそれなりに存在意義をもっていると考えられる。

現行の1円について考えてみると、明治初期に金（銀）本位制のもとで価値が規定され、その後、管理通貨制度へ移行したが、その移行後も継続的に円という単位で経済価値が表示され続けてきた。その移行時点から、円の価値が先に決まって諸物価の貨幣価値が決まるのではなく、諸物価の変動によって円の価値が結果的に決まるようになったと考えてよいのではなかろうか。管理通貨とはそのようなものであろう。

このようにみると、「通貨の単位」であるといっても、度量衡と異なり、いわば半端な意味しかないのである。経済生活のなかでは、支払いに用いる日銀券や硬貨という意味の貨幣とは違って、いわば価値の測定・表現や計算のために用いられる「円」という貨幣を用いているが（注11）、それは実体的な価値内容は定量的には必ずしも定義されていない貨幣である。我々はこれらの違いを意識することなく使い分けている（注12）。

2 貨幣という言葉が示す6つの概念

言葉としては同じであっても内容が異なる場合があることから、改めて、貨幣という言葉が示すものを概念的に整理してみよう。貨幣という言葉は、下記のような複数の概念に分けて、考えられるのではなかろうか。

ア　一般的に受容される経済的価値としての通貨・貨幣
イ　通貨・貨幣の単位（money of account またはunit of account）
ウ　通貨・貨幣（の単位）の呼称
エ　具体化された通貨・貨幣
オ　エに加えて広がりをもつ通貨・貨幣（預金などを含む）
カ　富または資産

我々は、往々にして、全部を1つに、場合によってはいくつかをまとめて、あるいは1つだけもしくは一部を「貨幣」などといって議論している。

たとえば、

・市場で「円、ドル、ユーロなどの貨幣・通貨」というときの「通貨の安定」の「通貨」、また

・「円高、ドル安」というときの「円」や「ドル」のように使われる場合には、ア
・旧貨幣法（1897（明治30）年公布）では、「価格《かかく》ノ単位《たんい》」について、「純金ノ量目二分ヲ以テ價格ノ單位ト爲《な》シ之ヲ圓《えん》ト稱《しょう》ス」（第二條）と規定しており、イ
・ただし、前述の「之ヲ圓ト稱ス」というときの「圓（円）」は、「円の誕生」というときの呼称としての「円」と同じであり、また現行貨幣法にいう「通貨の額面価格の単位」であり、この場合には、ウ
・「計算貨幣」というときには、イとウの両方を含む
・現行貨幣法の「貨幣」「日銀券」「通貨」「法貨」は、ア、イ、ウを金属や紙という容器に入れて具体化されたものであるから、エ
・「マネーストック」の「マネー」は、オ
・「商品の価格が○○円である」と価額を示すときには、ウ
・「お金が欲しい」というときの「お金」は、エとオ
・「あの家はお金持ちだ」というときの「お金」は、カ

にあたるといえよう。

なお、「貨幣の歴史」や「貨幣の本質」というときには、エの場合が多いが、話題が進んでいくうちに、ア、イ、ウなどの概念に移行して議論が行われて混乱することもあり、注意して識別

する必要がある。

これまで多くなされてきた「貨幣とは何ぞや」や「貨幣の本質」「貨幣の起源」「貨幣の歴史」などに関する議論の多くは、どの言葉・概念としての「貨幣」を対象とするのかということを明確にすることなく、脇に置いてきたきらいがあるのではなかろうか。法的な意味の貨幣か、そしてどの法にいう貨幣か、経済的な問題として議論するときもいずれの概念の貨幣としているのか、支払い手段としての貨幣か、単位としての貨幣か、価値そのもの（たとえば購買力）としての貨幣なのか、容器に入った貨幣なのか、どの外延まで含むのか、話す人によって念頭に置く貨幣が異なっていることがある。私が、ここでいいたかったのはそのことである。「貨幣は交換を実現するための売買を通じる媒介手段である」という機能的な共通の理解のうえに立って、それに関係する様々な意味や場面で使われているのである。

3 暗号資産（仮想通貨）は貨幣か

ここで、「暗号資産」（仮想通貨）は貨幣なのかについても、触れてみたい。暗号資産とは、インターネット上でやりとりできる財産的価値であり、資金決済法では、①不特定の人に対して代金の支払い等に使用できるもの、②電子的に記録され、移転できるもの、③通貨や通貨建資産（注13）以外のもの、とされている。

現状においては、前記ア～カにあてはめてみると、インターネット上で具体化され呼称としては成立している、価値の単位としては不安定で、不特定の人を対象にするものの一般受容性とまでは至っていない、という状態にあるとみることができる。「仮想通貨」に「通貨」という言葉が使われているのは、不完全ではあるが、支払い手段として一部で用いられ、外延に含まれうることに着目したのであろう。なお、資金決済法上の概念はそれなりに整理はなされているが、世上で使われる暗号資産はさらに広く、また、いわゆる「デジタルマネー」の概念との関係等は混乱がみられている。今後整理されていくであろう。

4 「貨幣」という言葉が扱われるときの意識

貨幣は言葉として多義的であるが、実際にはどのように意識において使われるのか、ということも確認しておく必要がある。ここでは大きく3つに分けてみよう。

(1) 交換における媒介役

第一に、貨幣は「(モノと時の)二重の欲望の困難」を克服する交換手段であるといわれ、これはモノとモノとの全体的な交換における媒介役として貨幣を捉えることである。たとえば、AはBの生産するモノbが欲しい、BはCの生産するモノcが欲しい、CはAの生産するモノaが欲しい場合には、Aが貨幣を使い(第1回目の売買)、それをBが使い(第2回目の売買)、さらにそれをCが使えば(第3回目の売買)、モノaとモノbとモノcがABCの間で交換され、貨幣を使った3回の売買(当然に同時的に行われる必要はなく、普通は時点を異にする)を経て全体として3つのモノの交換が成立し、また価値単位として貨幣を用いることでモノの経済的価値を表示することが同時に行われたことになる(図表1－3)。

人間は、社会的に自らの労働や生産物を他者の生産物などと交換することによって、少なくとも生存するための衣食住に必要なモノを入手するものであるから、交換の実現が基本的に重要な視点である(注14)。この他者のモノと自分のモノの交換ということを重視する考え方は、貨幣の媒介性を強調することになる。

このように、貨幣が交換を実現するといっても、それは売買の組合せと捉えられる。すなわち、現実に貨幣を使うのは売買のときであり、対価となるもの、すなわち支払い手段として捉えることがわかりやすい。貨幣は実際にはモノとモノの交換のために使用するという意識は少なく、前述の例でいえば、Bの生産するモノbを入手するために、AがBに貨幣を渡すという第1回目の売買という取引だけに注目することが多い。貨幣を受け取る側は、貨幣をもっていればいつでも何でも買えるという意識はもちつつも、常にその後の具体的な交換のことを考えて受け取るわけでもないであろう。支払い手段・購買手段としての貨幣を重視することは、貨幣は実体経済に影響することになるという考え方につながる。

図表1－3　紙幣を媒介とした、モノの交換

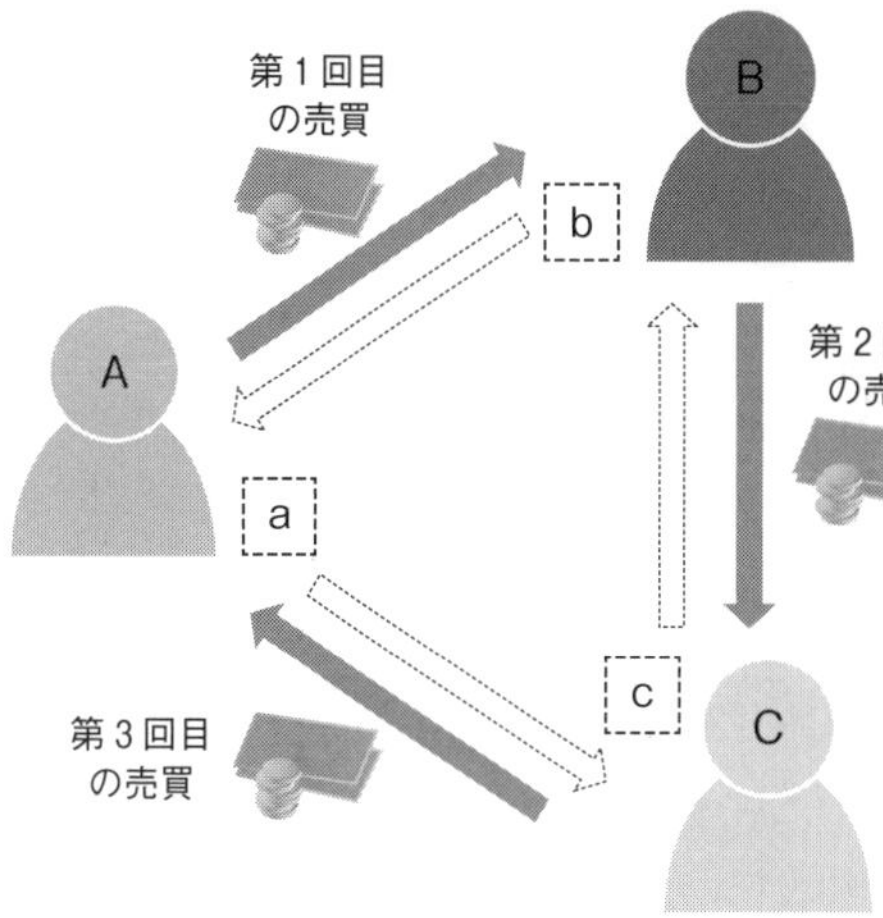

(2)　保有の目的とする資産

第二に、「貨幣」は、貨幣そのものに価値があるとみることがあって、宝石のようにそれ自体を保有の目的とする資産として考えることもできる。売買や交換とは切り離して取引の対象物（資産）として捉えられ、価値を貯蔵する手

段として、また、利得を生み出す投資対象となる。貨幣自身の価値が一般物価との関係で変動することや利子率が変化することによっても変動することが着目される。実際に、プロの市場だけではなく、企業・個人の金融・資金取引においても現実に資産として、売買や貸借で取引されている。むしろ、全世界的にみても、財・サービスの実物取引に伴う貨幣の決済よりも資産としての取引による貨幣の決済の方が圧倒的に多くなっており、この実態を考慮しないで、貨幣を論ずることはできなくなっている。これは、市場が貨幣自体の価格変動に敏感になるという考え方につながる面がある。

貨幣は様々な形態をとりうるもので、同じ「円」を使用する国内にあっても、現金の形で保有するか、預金（期間も色々）とするか、電子マネーとするかなど、人々は現実にどの貨幣が有利か勘案しながら選択するようになっており、さらに実質的な購買力に着目して円の価値が異なる（同じ1円であっても、地方によって物価水準が異なり、実質的な購買力に差がある）地域とそれ以外の地域の間において資金の流れが生じており（注15）、実質的な貨幣の取引市場が存在しているとも考えられる。さらに、異なる種類の貨幣の間では外国為替として市場取引が行われている。

(3) マクロ的な政策対象・手段

第三に、経済政策のなかでマクロ的な政策対象・手段として語られる貨幣がある。そのときの経済社会に存在する貨幣量が適切ではないと判断された場合には中央銀行のオペレーションにより量的操作（もちろん利子率も）が行われる（注16）が、これにより貨幣は供給されたり、吸い上げられたりする。

この場合、貨幣に関するフロー概念とストック概念の関係を整理しておく必要があるだろう。もちろん、マネーストック統計は残高（平残も）の数字が公表されている。しかし、供与された信用の存在期間（以上の諸点にも関係するが）や新規供給と回収の関係が量的にわかる統計が必ずしも整っておらず、貨幣の質・時間的な分析が難しくなっている（注17）。

次章以降、言葉の多義性を前提としたうえで、原則として、「貨幣」という言葉に代表させて、順次、貨幣と交換・売買の関係から論を進めることとしたい。

（注1） 度量衡や貨幣に関する基本的な単位の統一は、社会取引の安定のためには極めて重要であり、歴史的にも制度化されてきた。なお、単位の統一とは、呼称だけではなく、その内容も統一される必要がある。取引される領域が広がるにつれて、地域単位から国内単位へ、さらに国際単位へと、標準化が進められてきた。

（注2）「両」は、もともとは質量の単位であり、何らか（たとえば、金や銀）の一定量を量って使用する「秤量貨幣《ひょうりょう》」として用いられたが、その後、額面を示す貨幣単位となった。英国のポンドも、質量単位から貨幣単位となったものである。

（注３） 古市峰子「現金、金銭に関する法的一考察」（日本銀行金融研究所『金融研究』第14巻第４号）が詳しく論じている。

（注４） 日本法で法貨の意味を明示したものはないが、米国法では"legal tender for all debts, public charges, taxes and dues"（すべての債務・公的な税などに使える公的な支払い手段）とされている。

（注５）「正貨」とは、鋳造貨幣であって、それに含まれる（金銀などの）金属の価値がその貨幣が表示する価値と同じであるような貨幣である。たとえば、旧貨幣法に定める1円金貨など。大蔵省「明治貨政考要」においても同様な扱いである。

（注６）「正貨」という言葉は現行法令には見当たらないが、日本法令索引（明治前期編）で検索すると太政官達など47件が出てくる。

（注７） 金融資産のなかでも、額面価値が変わらず、分割・移転・保存が容易で、均質的である等の性質が求められることになる。

（注８） 日本銀行「マネーストック統計の解説」において「マネーストックとは、「一般法人、個人、地方公共団体などの通貨保有主体が保有する現金通貨や預金通貨などの通貨量の残高」である。通貨（マネー）としてどのような金融商品を含めるかについては、国や時代によっても異なり、一義的には決まっていないが、わが国の場合、対象とする通貨および通貨発行主体の範囲に応じて、Ｍ１、Ｍ２、Ｍ３、広義流動性の４つの指標を作成・公表している」としている。

（注９） たとえば、６条３号で「「本邦通貨」とは、日本円を単位とする通貨をいう」としたうえで、８条では「この法律の適用を受ける取引又は行為に係る通貨による支払等（支払又は支払の受領をいう。以下同じ。）は、財務大臣の指定する通貨により行わなければならない」としている。

（注10） ６条７号で、「支払手段」とは「次に掲げるものをいう。イ 銀行券、政府紙幣及び硬貨 ロ 小切手（旅行小切手を含む。）、為替手形、郵便為替及び信用状……」とされている。また、６条８号

で、「対外支払手段」とは、「外国通貨その他通貨の単位のいかんにかかわらず、外国通貨をもつて表示され、又は外国において支払のために使用することのできる支払手段（本邦通貨を除く。）をいう」とされている。

（注11）国の予算制度や企業会計においても、貨幣単位と価値換算による報告がなされている。

（注12）ケインズなどもmoney of account（計算貨幣）やmoney proper（本来の貨幣）という言葉を使っている。

（注13）通貨建資産とは「本邦通貨若しくは外国通貨をもって表示され、又は本邦通貨若しくは外国通貨をもって債務の履行、払戻しその他これらに準ずるものが行われることとされている資産」をいうとされている（資金決済法2条6項）。たとえば、前払式の電子マネーがこれにあたる。

（注14）貨幣の起源に関して、このような考え方が全面的に支持されているわけではないが、少なくとも現在の経済社会においては、この機能は最重要である。

（注15）かつて、日本においても貨幣の間に「打歩《うちぶ》」（同じ額面で異なる種類の貨幣の間に生じる価値の差）が存在したことがある。

（注16）近年の量的緩和策は典型。もちろん、質的（利子率）調整も行われうる。

（注17）たとえば、何らかの信用供与によって貨幣が供給された場合、その貨幣は供与期間の終了によって回収される。とすると、その期間中にフローとしては存在するが、終了後にはストックとしては残らないことになる（もちろん、マネーストック統計は平残で示されてはいるが）。

第2章

貨幣の発生と展開、機能

貨幣の起源や本質については、多くの先人たちの諸説・所産がある。「貨」と「幣」という字を遡ってみると、「財」や「神への捧げもの」との説明もあり（注1）、今日的な経済・金融の意味においてのみで検討することへの批判があろう。ただ、貨幣の起源がわかったからといって、現在の貨幣の「本質がわかる」「機能がわかる」ことにはならない。貨幣はその社会経済において使われるから、社会経済が変化すると当然に変化するし、「交換」についても市場的な意味でのみ検討することは適当ではなかろう。

しかし、人間の経済社会における「生産」と「交換」の関係を考えると、「貨幣は、モノと交換される価値なのではなくて、それによってモノが交換される価値なのである」（Money is not the value for which goods are exchanged, but the value by which they are exchanged（注2））と考えるのが基本であり、やはり、交換と貨幣を中心にその両者の関係を検討することはしかるべきことと思う。

1 「交換」と貨幣

(1) 広い意味の交換

人間の諸活動は、生存し子孫を残すことを基本目的に行われてきた。そのために、単独ではなく、共同して集団・社会を形成し、生存して子孫を残すため、衣食住のために、生産、分配、消費し、また内外の侵害に対処して生活してきた。それは分業と協業とそれらをまとめる統率の仕組みである。分業と協業は、経済取引としては、他者の生産したものまたは自分の所有するものではないものを、何らかの代償でもって入手するという「広い意味の交換」を伴う。これは、国境を越えると貿易といわれるが、いずれにしても「広い意味の交換」がうまく機能することが不可欠である。色々なレベルでの交易や融通が行われることで、自給自足のこぢんまりした経済社会関係が今の市場経済にまで発展してきて、お互いの生産や消費を豊かにすることで生存してきた。

なかには、対等な交換の関係ではなく、単に必要や欲望を満たすために、実力行使によるお互いの収奪の繰り返しや、奴隷制などの支配・服従関係になったこともあろう。このように一方的な財・サービスの物理的な移転は本来の「交換」の範疇《はんちゅう》には入らないが（注3）、それらの場合であっても貨幣発行の契機とならないわけではない。そのように発行された貨幣が、ある程度対等な人々の間においてお互いに必要とする財・サービスを交換しあうことにも使用されてきた。

財・サービスの入手方法としては、たとえば、奪取・収奪・貢納、贈与・扶助、貸借、交換（少なくとも2回の売買により交換することも可能）、売買などがあろうが、奪取・収奪以外は広い意味の交換と考えることができよう。

「交換」が意味するところを少し考えてみよう。ここでいう「交換」は、単に即時的な物々交換のことだけを指すのではなく、「自分が所有しまたは生産する財・サービスを他人に提供する取引」と「他人が所有しまたは生産する財・サービスを自分が入手する取引」の少なくとも2つからなる取引であり、それらが同時的に行われることを要件とはしない場合（時間を隔てて2つの取引が行われる）をも含んでいる。結果的に、分業の成果が交換されるという意味で使うことにしよう。

人間は生まれてすぐに生産活動を行うことはできない。しかしながら、人間は生まれたときから、少なくとも、普通の言葉では「交換」といわずとも、様々な形や関係において、自分が必要とするものを他人から供給してもらうことで生存している。

多くの場合、子どもは独り立ちできるまで、親により養ってもらう。つまり、財・サービスの供給を受ける（もちろん、それよりも大事な愛情を受け取っているが！）。今はそうでもないが、親が高齢になれば子どもがその親を扶養することは一般に行われてきた。その時々には一方的な扶養であるが、人の一生全体でみると、世代間の時間をかけた交換ということもできるかもしれない。

その次は、一族関係で複数の親子から構成されるグループの間で（または一族の長を頂点にする大規模な一族内部の間かもしれないが）、相互扶助の関係が考えられる。戦前の日本の家制度はそれに近いのかもしれない。これらは、後にも触れるが、財産権・所有権の関係が必ずしも厳密には扱われない関係が想定される。今でも法的な側面で、たとえば、民法では、親の養育義務、親族の相互扶養義務などが定められ、他方、刑事法では、窃盗罪に関して、「配偶者・直系血族・同居の親族」の間では刑が免除され、その他の親族の場合には親告罪となり、それ以外の普通の社会関係では可罰と規定されていることからも、交換の意味や位置付けが変遷することが推測できる。

さらに関係を広げると、地縁血縁の濃淡による相互扶助というよりも、部族内の互酬《ごしゅう》の関係になる。互酬関係は厳密な債権債務関係ではないが、互酬（互恵《ごけい》）することが社会的な慣習になっている場合には事実上の社会的な強制性がないわけではない。

そして、他人関係である社会一般の関係になると、財産権・所有権を前提とする対価を必要とする普通の交換の関係になる。もちろんこの社会関係においても、相互の信頼・不信の関係、単なる商売上の関係など、様々な場合がある。

このように様々な形の交換があるわけで、それらを実現するためには、「貨幣」の形をとるに至るまで多くの媒介・触媒手段が使われてきたであろう。

そして、経済社会ができて対価を必要とする交換の開始に至ると、貨幣が媒介するようになる。市場経済においては、対価が提供されるならば相互に旧知でなくても交換が成立しうる世界になっている。

(2) 交換と貸借には価値尺度が必要

自給自足に近い社会では、おそらく、異なるモノとモノの交換という事象よりも、貸借によりモノの帰属を変化させ、それを用いて生産または消費する方が多かったのかもしれない。たとえば、食料の貸借、種もみの貸借といったものだ。「(貨幣の) 鋳造はBC1千年紀からであるが、BC3千年紀頃のシュメールの記録によると、貸付取引が制度的に行われていたことが明らかである。……信用は、経済活動のまさに最初期から存在していたのであり、物々交換自体の発展以前にさえ実在していたのである」、そして「貸付取引が商品交換取引に歴史的に先行していた」という指摘もある(楊枝嗣朗「歴史の中の貨幣—貨幣とは何か」)。

とすると、モノの貸借と貨幣の関係については、貸借自体に具体的手段としての「貨幣」は必ずしも必要ではないとしても、たとえば、モノaを借りてモノaで返す場合は別として、モノaを借りてモノbで返す場合には、モノaとモノbの価値が同等であると当事者が肯認しなければならない。とすると、価値の尺度が共有されることになる。さらに、取引当事者と取引されるモノが増えてくると、そこには当該社会において「標準化された価値尺度」が生まれてくることになる。この「標準化された価値尺度」は貨幣の1つの重要な要素（側面）であるから、いわば、モノの貸借は貨幣によって関係付けられるともいえよう。この要素に着目して、価値尺度としての貨幣を「計算貨幣」と呼ぶことがある。なお、あるモノを借りて別のモノで返済することは確かに貸借関係ではあるが、広い意味で交換取引とみることもできよう。

また、売買による交換であっても、対象物の価値評価が行われることが必要になる。モノとモノとの直接交換ならば、それらのモノを比較すればそれで済む。しかし、売買では、対象物と貨幣との関係で価値が評価される。それは売り手にとっては将来自分が買うかもしれない何物かとの間の価値評価であり、買い手にとっては過去買った何物かとの価値評価であるかもしれない。それには共通して価値を測れる価値単位というか、尺度を設定する必要がある。この機能は、貸借や売買だけではなくて、「広い意味の交換」においても何がしかの意味をもちうる。

それが価値尺度としての貨幣の役割だとすると、おそらく特定の財・サービスではなく、世の中にある一般的な財・サービスの価値を対象として評価することになる。かつての金本位制の時代ならば、金を価値の尺度にして、様々な財・サービスを評価することが可能であろうが、現在のような管理通貨制度の時代ではそうもいくまい。

我々が実際の売買を行うときには、何となく一般物価との比較において貨幣の価値を理解したうえで、たとえば1000円というような貨幣価値で評価していることになる。

2 貨幣発生の契機

(1) 経済外的関係と貨幣

ここでは、一般的な取引関係における貨幣を主として扱うが、貨幣の淵源《えんげん》をたどれば貨幣は経済的関係における交換取引に限った視点でみるべきではないという考え方も留意しておきたい。貨幣は社会的な存在であるので、社会のあり方が異なれば貨幣の扱われ方も当然に異なる。

社会が現在と異なり、経済、政治、儀礼、伝統などが判然としていなかったような時代においては、交換は単なる経済事象ではなくて、その社会の基本的価値観の表出であったかもしれない。まずは神への捧げものであったものが貨幣となったのかもしれないし、威厳を示すものが貨幣となったのかもしれない。宗教的意味合いがもっと濃かったのかもしれない。また、親交のための贈与社会であったかもしれない。文化人類学的な貨幣論が行われてしかるべきであろう。

ただ、交換というと、法的な現在の民事・商事の契約関係に至らずとも、先に述べたように扶養・扶助といった関係、さらにはかつての交換制度を互酬（互恵）の関係ということで捉える向きもないではない。ただし、それは時間を置くかもしれないが、いずれにしても互酬すべき関係にあることを理解し承認している関係で成り立つことである。関係が広がり二者間の貸借ですべてを済ますことができなくなって社会的な当為として認識されるようになると、言い換えれば、広く一般的な交換（当事者間だけではなく、社会に存在する他の人々も潜在的に参加するという意味）を行うのに互酬という関係で理解するだけでは不十分になると、それらの関係を効率的に処理するために用いられるようになったのが「貨幣」であるという見方が成立するのではなかろうか。

貨幣は社会的なものである。

(2) 経済的関係の交換と貨幣

貨幣の生成を説明するときに従来からよく挙げられるのが「欲望の二重の一致」の困難さである。

まずは直接的な交換（物々交換、バーター）が行われるが、交換当事者がそれぞれお互いに欲しいものと欲しいときが合致することはまれであり不便なため、これを乗り越えるために一般的受容性をもたせられるような手段が使われるようになり、それが貨幣となってきたと考えられよう。先史時代に遡る事実確認は無理であるのでその賛否は別にしても、現在の我々が用いる貨幣の機能を端的に説明できる考え方であると思う。

もちろん、これについても擬制であり歴史的事実ではないと批判する向きもある（注4・注5）。物々交換（バーター）から貨幣が出現したのではなく、貸付・借入という信用関係から生じたのであり、信用こそが貨幣で、信用は貨幣（現金）に先立つというものである。

この物々交換説と信用説は相いれないものではなく、お互いに信頼がない関係における交換は物々交換でしか実現できないことであり、信頼がある関係においては信用をもとに実現できるものである。同時代的に物々交換と信用に基づく交換が並存することは不可能でもないだろう。

さらにまた、両者には基底において共通して必要なことがある。それは、物々交換説では個性のある商品の価値を一般化する、他方、信用説では個別の債権債務関係に基づく請求権の価値を一般化するという作業が行われて貨幣が生成されることである。価値の一般化という作業は、いずれにしても「社会的一般的な受容性」の創出につながる。

後ほどみるが、欧州から北米大陸に入植した人々と先住民の間の関係を振り返れば、交換と欲望の二重一致の困難と貨幣生成の関係は完全な的外れではないといえよう（注6）。その初め、先住民と入植者たちの間でビーバーの毛皮やビーズと欧州製品との交換があり、次第にビーバーの毛皮などが入植者たちと先住民の間、さらには入植者の間で事実上の貨幣となり一般的な支払い手段として使われたことは明らかになっている。「鶏と卵」の関係かもしれないが、少なくともビーバーの毛皮などは「欲望の二重の一致」の困難を乗り越える機能を果たし、事実、使用されたのである。

3　交換と売買・支払いが成立する前提

(1) 財産権と、権利変動の完結性・公示性

経済取引として社会で交換を行うには、私的財産権（所有権または処分権）がある程度確立していることが前提条件となる。特に財・サービスの交換についてはそうといえる。交換は対象となる財の処分権を有すると社会的に肯認された者が行えるものであり、交換の前後で財産権・所有権の帰属先の変更と確定が明確でないと、その財に関する取引についてその後の継続的な安

定・秩序が担保できない。実体法的にも、また社会制度における手続き的にも、その財の帰属性が保護され、かつ明確化する法制度（公示性）があることが必要である。

(2) 売買は潜在的な交換

交換は財・サービスと財・サービスとの交換であり、他方、貨幣と財・サービスとを交換することは「売買」といわれる。売買を行って貨幣を手に入れる（《第1回目の売買》BがモノbをAに売って貨幣を手に入れる）のは、その貨幣でいつか何かを取得するためであり、その後何かを取得（《第2回目の売買》Bが貨幣をCに渡してモノcを手に入れる）すれば、売買は結局は時間を置いて交換を実現することである（Bはモノbとモノcを交換したことになる）。だから、経済的には、貨幣は「交換手段」とされる。

人が貨幣を用いて交換を実現するには、少なくとも売買行為を2回行う必要がある。それぞれの売買のときの貨幣の受渡しに着目すると、それは「支払い手段」といわれることになる。支払いによってその取引を最終的に終局させることを「決済」ということから、「決済手段」といわれることもある（注7）。

法的にみるとそれらの2回の売買行為は独立しており、貨幣を渡すことでそれぞれ決済され法的関係は完結する（finalityをもつ）。貨幣を使うことにより、経済主体にとって必要な交換取引の全体を2回に分けてそれぞれを法的には完結させ、全体の交換取引に融通性と効率性をもたらし、かつ安定させるということになる。交換を、少なくとも2回以上のそれぞれ完結した売買によって実現するというのは、人間社会にとって極めて重要な発明であった（その分、貨幣の負うべき責任が大きくなる）。

さらにいえば、第1回目の売買で入手した貨幣をその後第2回目の売買をすることなく所持したままに置く（価値を貯蔵する）人もいるだろうが、このことが「資産としての貨幣」の取引をもたらす。

人々は売買を交換とは思っていないが、結局のところは、売る側（貨幣を手に入れる側）にとってはいつか入手すべき（売るときには具体的には決まっていないかもしれない）財・サービスを入手することを目的とした潜在的な交換であると考えられる（注8）。

4 貨幣の展開Ⅰ　アメリカ

(1) 貨幣の歴史諸説

貨幣は、これまで各地域・社会において歴史的に存在し、現在の貨幣の形に至ったものであり、その経緯もまちまちである。その時代と経済や現実取引の要請に対応するために多くの試行錯誤を繰り返し、同時代的にまた異時代的にも、記録に残る貨幣も残らない貨幣もあり、部分的には多種類の貨幣の消長があったに違いない。現代の貨幣を目指して原始社会から意図的にまたは順序や系統だって形成されてきたわけではないが、近代は総じて情報や取引が国際化するようになり、結果的に多くの国で似通った形態がとられるようになったと考えられる。したがって、貨幣の歴史を一般化し、これまでの貨幣の展開を単純に順序立てて理解することは控えざるを得ない（注9）。しかし、いくつかの例を取り上げて、物々交換から管理貨幣の時代までをみておくことに意味はあるであろう。

貨幣の歴史に関しては、古代メソポタミアやリディア（現在のトルコ西部）、古代中国に遡るとされているが、どのように使われはじめたのか、その起源については議論も多い（注10）。理論的な説明に関しても、いくつかの考え方があり、必ずしも収束はしていない。たとえば、代表的なものに、「商品貨幣説」と「信用貨幣説」がある。商品貨幣説は、もともと価値のある商品のなかから貨幣として最も適性のある商品が選ばれて貨幣となったというものであり、信用貨幣説は貨幣はもともと人々の間の信用関係（たとえば、債権債務関係）を表すものでそれが貨幣となったというものである。さらには、見方は少し異なるが、国家が法定することが貨幣の基本であるという「貨幣法定説」もある。

また、具体的な貨幣の姿として、どのような素材が使われてきたのかについても、貝、穀物、紙、石、塩、布、家畜、金属（金銀銅など）の多種類に及び、さらにはそれら現物との兌換《だかん》を証文化した紙幣、兌換もしない単なる債務証書、今日では電子信号となってきている。

貨幣の発行にしても、自然に存在するものを採取したものの場合もあり（具体的な「発行者」がいない）、発行する主体も王権、国家、地方政府、共同体、民間の力のある企業・商人、などなど、これも多様である。

交換・売買と貨幣の関係で着目すべき点としては、大きく分けて2段階がある。

第1段階としては、物々交換から貨幣を用いる売買へ、そのなかで貨幣が商品貨幣から信用貨幣へと移行する段階。第2段階としては、いわゆる現金による支払いから預金を用いる時代という段階である。

なお、現在は、預金による支払いから電子信号による支払いへという第3の段階にあるといえるかもしれないが、本稿では主として第1段階と第2段階におけるアメリカと日本をみることとしたい。

(2) なぜアメリカを取り上げるか

貨幣の歴史をみるときには、英国をはじめとして欧州諸国の例を取り上げることが多いが、ここではアメリカを取り上げてみたい。というのも、アメリカは、植民地時代から今日に至るまで、物々交換の時代から商品貨幣、信用貨幣の時代まで実に多様な貨幣が用いられてきた歴史を比較的短期間でみられるからである。英国本国よりも早い時期に紙幣（政府紙幣）を発行した（注11）が、逆に中央銀行は他の国よりもかなり遅れて設立（注12）され、したがって中央銀行券も諸国に遅れて導入された国でもある。

欧州人が北米大陸に入植する以前から、そして入植してから、先住民たちとの交易、入植者の間での取引、欧州の本国などとの貿易、さらには独立革命、南北戦争や諸国との戦争、第一次・第二次世界大戦を経て、今やドルという国際基軸通貨を確立してきたところである。すなわち、原始貨幣の時代から現代の貨幣に至る歴史が割と短期間のうちに記録として残されている貴重な貨幣歴史の国と考えられる。

その初め、入植者たちは、暮らしていくに必要な様々な物資を欧州からすべて持参してきたわけではない。おそらく豊かではない人たちで、本国の貨幣も多くはもってきていないはずであったろう（ただし、欧州において貨幣を知っており、かつ使用してきた経験ももっていた）。そのため、物資交換のための貨幣をいかにつくり上げるかは極めて重要な問題であったはずである。先住民との交易をはじめたときの取引形態から、みてみよう。

その後、経済取引の増加に対応しつつ貨幣不足のなかで入植者たちがどのような貨幣を生み出したのか、それに対する本国の反応、独立前後の貨幣的な動き、そして独立後の様々な国内的対応を概括的にみることにする（注13）。

(3) 最初の交換取引（物々交換）

恒久的な植民より以前は、毎年のように欧州から船に乗りやってくる人たちと先住民たちとの間の交換はまさに物々交換（barter）であった。先住民の方は、ビーズ（注14）、ナイフ、斧、毛布、とりわけ、タバコ、弾薬・火薬、銃などを手に入れ、その代わりに大量の毛皮を渡した。毛皮は欧州人たちの強く欲するものであったので、欧州人の入植者たちにとっても現金と同様のものであった（注15）。

写真１　ワンパム（wampum）

※いくつも合わせてベルトにしたものもある。色によって価値も違った。
（出所）American Numismatic Society HP

（4）商品貨幣とワンパム

入植は欧州のいくつかの国々から行われたため、入植者や入植地の間でもいくつかの貨幣が用いられ、定められた共通貨幣はなかった。本国通貨以外に最も使われたのは、当時の国際通貨であったスペインドル銀貨（注16）であった。

まず、入植者たちは、生活していくための多くの物資などを先住民に頼ったので、入植者と先住民の間の交易を維持することが極めて重要であった。しかし、先住民は欧州のような貨幣（コイン）を使わなかったため、入植者たちは、先住民から必要とする生活物資や欧州への輸出用の毛皮などを提供してもらい、対価として欧州からもってきた製品や自ら生産したものを提供するという物々交換（バーター取引）を行っていた。

そうするうちに、入植者たちは、先住民がワンパム（wampum：貝を削り磨き編み上げたビーズのようなもの。写真1）を大いなる価値がある貴重なものとしており、儀式の供物、重要事の贈物、交換の手段に使用していることを知り、このワンパムを彼らとの交易に用いるようになった。そしてこれが先住民と入植者たちとの間の交換手段として、貨幣の役割を果たすようになった（注17・注18）。他方、そこでは様々な商品、たとえば、ビーバーの毛皮、とうもろこし、タバコ、米などが商品貨幣として使われてもいた。

そして、欧州の本国で使われる貨幣（コイン）が入植地においては絶対的に不足していたこと、また商品貨幣の取扱いが不便であったことから、入植者たちの間においてもワンパムが貨幣として通用するようになった。１６３７年にはマサチューセッツの入植者自治政府（general court）が法貨として認める決定を行っている（注19）。ワンパムは、つくり上げるために、貝拾い、削り、磨き、穴あけ、紐通しなどの多くの時間と作業を要するものでもあるため、先住民にとって価値あるものであったが、入植者らも勝手に増産するようになる（偽造となるのか?）と、次第にその希少さが失われてしまう。また、コイン貨幣の量も増えてきたので、１６５０年にワンパムは法貨としては外されたが、それでもしばらくは貨幣としての役割は続いたようである。

こういった変遷には、物々交換から価値のある象徴的商品の取引へ、象徴的商品が商品貨幣へと変貌し、それを用いる売買へと変化していった動きの一部をみることができよう。

(5) 帳面取引

貨幣が不足するなかでは、「価値（計算）単位としての貨幣」で、小口取引においては帳面取引（book credit）が多く行われたという（注20）。港湾都市や農村においては帳面取引による信用取引が標準的な取引手段であったと指摘するものもある（注21）。当事者の頭のなかには当然のことながら諸商品の価値表があったわけで、その価値基準としての何らかの計算貨幣が存在していた。

図表2－1は、当時の英国通貨建ての帳面取引を示したものである。現金支払いの割合が極めて小さく、現金貨幣がない場合の取引（Trade Without Money）が商品支払いの形で行われたことを示すわかりやすい例である。

ただ、帳面取引は物々交換の信用取引であることから、いくつかの問題があった。たとえば、バランスするまでに短期間ではなく1年以上かかる場合があり、商品の（相対的な）価格変動、品質の不一致、運搬費用などの見込み違いなどが生じ、非効率な決済ではあった。

また、二者間取引に限ると需要供給が一致することは多くはないが、第三者との取引を巻き込むとその可能性は広がることになる。この第三者との取引は面倒になるだろうが、実際の帳面取引においては第三者を取り込んだ取引も行われており、「現実的必要が第三者を含めた帳面取引

図表２－１　服の仕立屋・文具屋間の取引

［仕立屋側の請求］

甥っ子のズボン	1ポンド6シリング8ペンス
娘のズボン直し	2シリング4ペンス
召使い用のズボン	2シリング8ペンス
甥っ子のズボン	1ポンド6シリング8ペンス
（小計）	2ポンド18シリング4ペンス
現金払い	1シリング6ペンス
合計	2ポンド19シリング10ペンス

［文具屋の請求］

お茶4ポンド	1ポンド1シリング4ペンス
紙1帖	2シリング
女性用手袋	1ポンド2シリング8ペンス
未払い	11シリング8.5ペンス
（小計）	2ポンド17シリング8.5ペンス
その他	1シリング1.5ペンス
合計	2ポンド19シリング10ペンス

（出所） William T. Baxter "The House of Hancock Business in Boston, 1724-1775" より筆者作成（数字は出所元ママ）

の発展」を促したものと考えられる。

このように帳面取引について考えてみると、実は時間を置いて「交換と欲望の二重一致」という難事を乗り越える工夫であることがわかる。もちろん、第三者との取引を用いて相互の債権債務関係を決済することまで行われていたので、計算貨幣を用いた事実上の社会的な信用取引が成立していたとも理解できよう。

なお、帳面取引の原理は、技術的進歩により今日では「取引」と「帳簿」と「経済主体の信用」が巨大な規模で管理できるようになったので、改めて決済の新しい局面をもたらす可能性があるように思える。電子記録債権（電子手形）は、事実上の現代版book creditであるともいえよう。デジタル技術の進展によって、帳面取引は再び現代的な意味をもつかもしれない。

(6) なぜ植民地アメリカで商品貨幣が発達したのか

17世紀の英国は重商主義のもと、植民地であるアメリカに対して鋳貨《ちゅうか》に必要な地金・地銀の輸出を全面禁止としていた。

入植者たちは、1652年にマサチューセッツ造幣所を設置して小額コイン貨幣をつくりはじめたが、英国本国の指令により1684年に閉鎖された。当初は本国政府も肯認していたが、貨幣の鋳造権は国王の大権に属すること、また、マサチューセッツ造幣所で鋳造したものはスペイ

図表２－２　商品貨幣の例（1727年当時のマサチューセッツで納税に用いられた商品貨幣）

良質牛肉	１バレルあたり	３ポンド
冬小麦	１ブシェルあたり	８シリング
大麦	１ブシェルあたり	６シリング
インディアンコーン	１ブシェルあたり	４シリング
なめし皮	１ポンドあたり	12ペンス
棒鉄、鋳鉄	100ポンドあたり	48シリング

（出所）Joseph Barlow Felt "An Historical Account of Massachusetts Currency"（p.82～83）より筆者作成

ンドル銀貨などを改鋳して質を落とした英国通貨建てのコインであり本国貨幣に悪影響を及ぼすと考えられたことなどから、植民地政府に貨幣の製造を認めようとしなかった。

前にも触れたように、アメリカ植民地には本国貨幣が不足していたが、その理由としては、入植者たちが裕福ではない人たちが多かったこと、英国本国との貿易が大体において植民地側の赤字であったこと、そもそも英国本国で貨幣（鋳貨）が不足していたこと、スペイン統治下のメキシコなどと違ってアメリカ植民地で金銀が産出されなかったことなどが挙げられる（注22）。

そして、入植地で使われた貨幣の多くは、外国コイン、特にスペインドル銀貨が中心であった。なお、それらの外国鋳貨は、独立後も１８５７年まで法貨として通用した。

しかも、当初の取引相手は先住民が多く、その取引において本国貨幣の出番は少なかったであろう。おそらく、先住民と植民者との取引、植民者間の取引、植民地と本国との取引、それぞれの場面で用いられる貨幣の種類が異なっていたことも推測できる。すでに述べたように、先住民が初めのうちは欧州貨幣（コイン）をまったく評価しなかったし、本国はワンパムを受け取らなかっただろう。

他方、経済活動が活発化すると当然に貨幣需要はふくらむものである。入植地での経済規模が拡大してくると、その取引増加に応じて貨幣需要は当然に増大する。貨幣量がそれに応じて増えないと、生産物価格は下落気味になる。入植地の生産者たちは価格低下に対抗するために、新たな貨幣を求める。そこで、代替貨幣として商品貨幣をつくり上げていく（マネーストックを増加させる）ということになる。

一般的にも、経済の実体的な需要に合わせて事実上の貨幣は生成するものであり、このような事例は少なくない。偽造はいけないが、新たにつくり出すことは可能だ。たとえば、収容所のタバコとか、最近のビットコインなどがそれらの例にあたるだろう。

(7) 植民地紙幣

貨幣の製造を認めようとしなかった英国本国であるが、ウィリアム王戦争の際に植民地軍の戦費を賄うために、たとえばマサチューセッツ自治政府に英国通貨建ての紙幣の発行を認めた。同自治政府は1690年から1710年にかけて植民地紙幣を発行した。それは、貨幣と同等なものとされ、公的な支払いの収受にあてられる旨の文面となっていたが、本国貨幣への兌換の約束はなく、結局、将来の財政収入をあてにしたものであった。

他方、自治政府に認可を受けた金融会社（land bank）が発行した紙幣を貸付にあてた例もある。

これ以降も13植民地はそれぞれ植民地紙幣を発行し続けた（注23）が、英国本国は基本的には消極的であった。なお、これらの植民地紙幣は償還されたことはほとんどなかった。流通するにつれて流通していること自体がさらなる償還請求を少なくしていったといわれる（注24）。そして、「植民地経済は、1710年以降それまでの物々交換、代替貨幣やコインの混在状態から政府紙幣の広範な使用へと移行して、植民地当局及び市場に極めて大きな効果をもたらした」とされる（注25）。

なお、1751年までに英国議会はマサチューセッツ植民地にいかなる形の貨幣発行も禁止することになった。しかし、このような経済実態を無視するような本国からの禁止措置は他の植民地を含めて遵守されず、次に待っていたのは独立革命であった。

この植民地紙幣の発行は、それまでの物々交換、鋳貨、商品貨幣などの貨幣混合経済の取引コストを低減させ、植民地における主要な貨幣として機能し、経済成長に必要な貨幣となり、自治政府の財源調達に資することにもなった（もちろん、植民地紙幣の価値低減という課題を抱えながらではあったが）。

以上の物々交換や様々な商品貨幣、紙幣は、使用実態として、1つのものが使われなくなって次のものが使われたというわけではなくて、社会階層によっても日常の小口取引、商業取引、大口取引などによって同時並行的に存在していたと思われる。

(8) 独立前後の貨幣発行

1775年4月に独立革命がはじまり、その戦費調達のために諸邦連合（Confederation）は紙幣（Continental）（スペインドル建て）を、各植民地政府はそれぞれの紙幣（ポンド建てとドル建て）を発行した。これらは大量に発行されたが、当初の諸邦連合は課税権ももっておらず償還も十分ではなかったため、その価値は急落していった。

独立革命後、連邦憲法が制定されるまでの間、諸邦連合は、各州（当時は「邦」という名がふさわしい）に貨幣発行権があることを認め（注26）、当初、各州は紙幣も発行した。

一方、1781年に諸邦連合が財源調達も兼ねて発券を行う北米銀行（Bank of North America）を設立した。またこの頃から、州による特許銀行が設立されはじめ、正貨兌換の銀行券が発行されるようになった。

1785年には、貨幣単位を銀本位のdollarと定めた。これは英国ポンドを避け、最もなじんでいるスペインドル銀貨にちなんだものである。その後、1792年に貨幣法を制定し、連邦造幣局を設けて金銀複本位制に基づく貨幣（鋳貨）を発行することとし、計算貨幣の呼称を正式にドルと決定した。なお、市中に流通していた外国コインも、法貨としての位置付けは1857年まで維持された（注27）。

1789年に制定された連邦憲法では、それまでの連合規約で認められていた州の貨幣発行権を認めず、連邦のみが貨幣発行権をもつことになった（紙幣発行に関しては黙したが、連邦の紙幣発行はその後肯認される）。これは、州政府が紙幣財政に頼ることの否定を意味するが、他方、州には発券銀行の設立認可権が残され、州債の引受先となれるようになっていた（注28）。

(9) 独立以降の経緯

ア 南北戦争の頃まで（銀行券の発行・流通）

連邦主義の考え方に基づき、1791年に連邦議会の特許を付与され第一合衆国銀行が設立され、銀行券発行や国庫業務を含む銀行業務を連邦レベルで展開した。しかし、中央銀行的な存在に反対する勢力が強くなったため、第一合衆国銀行は、1811年に20年間の当初からの存続期間を終えて解散した。

他方、諸邦連合時代から設立されはじめた州法銀行は、次第にその数も増加し、銀行券の流通も増え続けていたが、銀行経営上の問題などが生じることもあったので、再び連邦特許による第二合衆国銀行が1816年に設立された。それなりに順調な業務を続けていたが、これも再び、発券を行う中央銀行的存在に反対する州権主義により、存続延長が拒否されることになった。これ以降、連邦準備制度が設立されるまで中央銀行が存在することはなく、したがって中央銀行券が発行流通することもなかった。国内で発行される法貨といえば、連邦政府発行の本位貨幣のみであった。

連邦法に基づく第一、第二合衆国銀行を除けば、銀行券を発行する銀行は州法銀行であり、銀行券という貨幣に対しては州が管轄するという状態が続くこととなった。特に、1836年に第二合衆国銀行が解体された後は、いわゆるフリーバンキングの時代となった（フリーバンキングといっても、それまで銀行設立に必要とされていた特許が不要となったという意味で自由なのであり、州によっては準則主義による銀行法が定められていた）。なかには銀行券と金銀本位貨幣の兌換請求を避けるために、あえて不便な立地に設立する銀行も現れた（ヤマネコが出没するようなところにある「山猫銀行」といわれた）。

それらの銀行券は連邦政府発行の金銀本位貨幣と兌換されるものであったが、州法銀行は各州で規制が異なり、業務も州を越える活動は制限され、かつ信用力の異なる数多くの種類の銀行券が流通しており、またそれらがアメリカ全土で使用可能とは限らないという不便があった。1860年には1000を超える銀行と銀行券が存在したようである。

国内経済の広がりのなかで、連邦レベルではなく州権主義的な範囲での銀行運営には限界がみえてきていた。

イ　南北戦争前後

1861年に南北戦争がはじまると、その戦費調達という大きな問題に直面した連邦政府（北部）は、借入・公債の引受けを州法銀行に依存できず、独立革命時以降発行することのなかった政府紙幣（United States Note）を発行して財政資金を調達することとした。券面が緑であったことから通称Greenbackといわれている。数回にわたって発行され、初めは正貨兌換証券としたが、すぐに対応できなくなったので、いわゆる政府紙幣発行法（legal tender act）を制定して1862年と1863年には政府紙幣を発行し、法貨（不換紙幣）と規定した。これにより、連邦政府の紙幣発行権が明確になった。また、同様の時期に、連邦所得税法と内国歳入法を可決し、政府紙幣の裏付けに努力した。

政府紙幣はこの後1971年まで発行され、1つの主要な貨幣となる。なお、1878年に合衆国法貨紙幣（United States legal-tender notes）の回収・償還の禁止、再発行が法定された（市中に一定量の貨幣を流通させるための措置）。

銀行券については、前に触れたような州法銀行の問題に戦費調達も加わり、全国的な連邦レベルの貨幣金融秩序の整理の問題として対応すべく、1863年に国法銀行制度を設け、国法銀行が通貨監督官のもとで（中央銀行を設けることなく）保有国債の範囲内で国法銀行券を発行することとなり、州法銀行券は10％の発行税が課せられ事実上発行されないこととなった。

なお、1880年代以降になると、銀行預金が現金残高を上回るようになり、支払い手段として小切手による預金振替が一般化したものと考えられる。

この政府紙幣と国法銀行券が、それから半世紀の間、アメリカの主要な流通紙幣となり、この後しばらくは、主として、鋳貨、政府紙幣、国法銀行券などが並存する時代が続く。ただ、この紙幣制度は発行限度の硬直性があり、恐慌の発生などが起きたため、国内需給に柔軟に対応するために貨幣制度の改正が必要と考えられるようになり、連邦準備制度へとつながることになる。

ウ　連邦準備制度の設立

1913年に、連邦準備制度が設立され、国法銀行券に代わるものとして連邦準備銀行券（Federal Reserve Bank Note：1945年まで発行）と、経済取引の実需に応ずる連邦準備券（Federal Reserve Note）を発行することとなった。なお、これは中央銀行券であり、連邦政府の債務とされ、当初は金兌換券であったが、その後1934年になって国内金兌換は停止され、以降、現在に至る。

図表２－３　アメリカの推定貨幣量（1800年以降）

（単位：1,000ドル）

年	貨幣残高	正貨	州法銀行券	国法銀行券	政府紙幣	連邦準備券	銀行預金
1800	28,000	17,500	10,500				
1810	58,000	30,000	28,000				
1820	69,100	24,300	44,800				
1830	93,100	33,100	61,000				102,000
1840	189,969	83,000	106,968				120,000
1850	285,367	154,000	131,366				146,000
1860	442,102	235,000	207,102				310,000
1870	899,876	25,000	2,223	288,647	324,963		775,000
1880	1,185,550	494,363		337,415	327,895		2,222,000
1890	1,685,123	1,152,471		181,605	334,689		4,576,000
1900	2,366,220	1,607,352		300,115	317,677		8,922,000
1910	3,466,856	2,355,807		683,660	334,788		17,950,000
1920	8,158,496	908,184		689,608	278,144	3,064,742	41,835,000
1930	8,306,564	1,777,621		650,779	288,389	1,402,066	60,365,000
1940	28,457,960	1,694,475		165,155	247,887	5,163,284	70,854,000
1950	52,440,353	2,388,208		86,488	320,781	22,760,285	163,789,000
1960	53,070,922	2,462,310		55,652	318,436	27,093,693	249,760,000
1970	57,416,085	705,467		20,271	296,784	47,626,751	505,939,000

（出所） Bureau of the Census "Historical Statistics of the United States: Colonial Times to 1970, vol.2"及び United States Office of the Comptroller the Currency "Annual Report of the Comptroller of the Currency" より筆者作成

この間、独立してから南北戦争前後までは、鋳貨と第一・第二合衆国銀行券、州法銀行券が、南北戦争の後には鋳貨、国法銀行券、政府紙幣、預金が、連邦準備銀行設立以降は連邦準備券、政府紙幣、国法銀行券、預金が主に用いられたと考えられる。

以上のアメリカの貨幣の歴史には、物々交換、商品貨幣、象徴貨幣、本国貨幣、外国貨幣、コイン、政府紙幣、貨幣（単位）の統一、（公的）銀行紙幣、（私的）銀行紙幣、貨幣発行権をめぐる本国と植民地、連邦と州政府との争い、フリーバンキングに基づく銀行紙幣の発行、その後の紙幣の統一、貨幣財政、兌換紙幣（金本位制）と不換紙幣（管理通貨制）、中央銀行貨幣、さらに預金貨幣へと貨幣に関する一連の事象が短期間の間にみられる。

いずれにしても、物々交換からはじまり、交換の具として貨幣が使われるようになり、その貨幣として商品が使われ、さらに金銀という商品を本位とする貨幣、さらに信用に基づくものが使われてきたのである。諸説あるが、いずれもお互いに排斥する関係ではないものと考えてよい。なぜなら、具体的に貨幣とされてきたものは、貨幣として位置付けられ機能したからだ。

5 貨幣の展開Ⅱ　日本

(1) 皇朝十二銭とその前後

日本における貨幣と交換の歴史については、遺跡発掘調査などから黒曜石や翡翠《ひすい》が最も古い交易の手段として使われたのではないかともいわれている。やがて中国や朝鮮半島との往来や取引関係が続くなかで、鋳貨の存在を知ったうえで、日本においても無文銀銭《むもんぎんせん》や富本銭《ふほんせん》がつくられ、

その後に和同開珎《わどうかいちん(ほう)》（写真2）にはじまる合計12種類の銭貨、皇朝十二銭《こうちょうじゅうにせん》が鋳造発行される時代（708年から約250年）となる。そこに至るまでにすでに貨幣は何らかの形で使われていたのであろうと思われる（注29・注30）。というのも、683年には銀銭使用に関する命令が出されたという記録があるので、おそらく交換手段として貨幣が使われることはあったのだろうと推測されよう（注31）。

写真2　和同開珎

（出所）日本銀行金融研究所貨幣博物館所蔵。写真3～9も同じ

(2) 商品貨幣の時代

その後、皇朝銭は鋳造されなくなり、さらにそれらの銭貨も使用されなくなった（注32・注33）。1636（寛永13）年に寛永通宝が発行されるまでの約700年間、いわゆる国家が銭貨を鋳造しない状態が続くことになる。もちろん、この約700年の間には貨幣の存在や流通がなかったわけではない。

まず、10世紀後半から12世紀前半の間は、絹や米の商品貨幣が主として用いられた。これはそれまでも経済取引においては絹や米などが貨幣として用いられてきたという実情に皇朝銭が必ずしも適合せず、経済が皇朝銭を用いることなく回っていた（当時の経済取引が鋳貨を必要とする状況には至っていなかった）ということであろう。他方、発行する側の事情としても、「こうした物品貨幣は朝廷からみれば貨幣発行の手間が不要であり、使用者からみても最も安定感のある伝統的な価値尺度として機能したと考えられる」という指摘もある（注34）。なお、後に、准絹・准布、准米という言葉が用いられるようになったが、これは当時の貨幣の単位としての計算貨幣とも考えられるもので、様々な物品の価額を「准絹○○疋」と表した文書が史料として残されている。なお、実際には、絹などが必ずしも交付されたわけではないようである。

図表2－4は、国内で出土する皇朝十二銭の銭種別割合と、史料にモノの価格が銭で表記され

図表２－４　皇朝十二銭の出土割合と物価の銭表記の割合

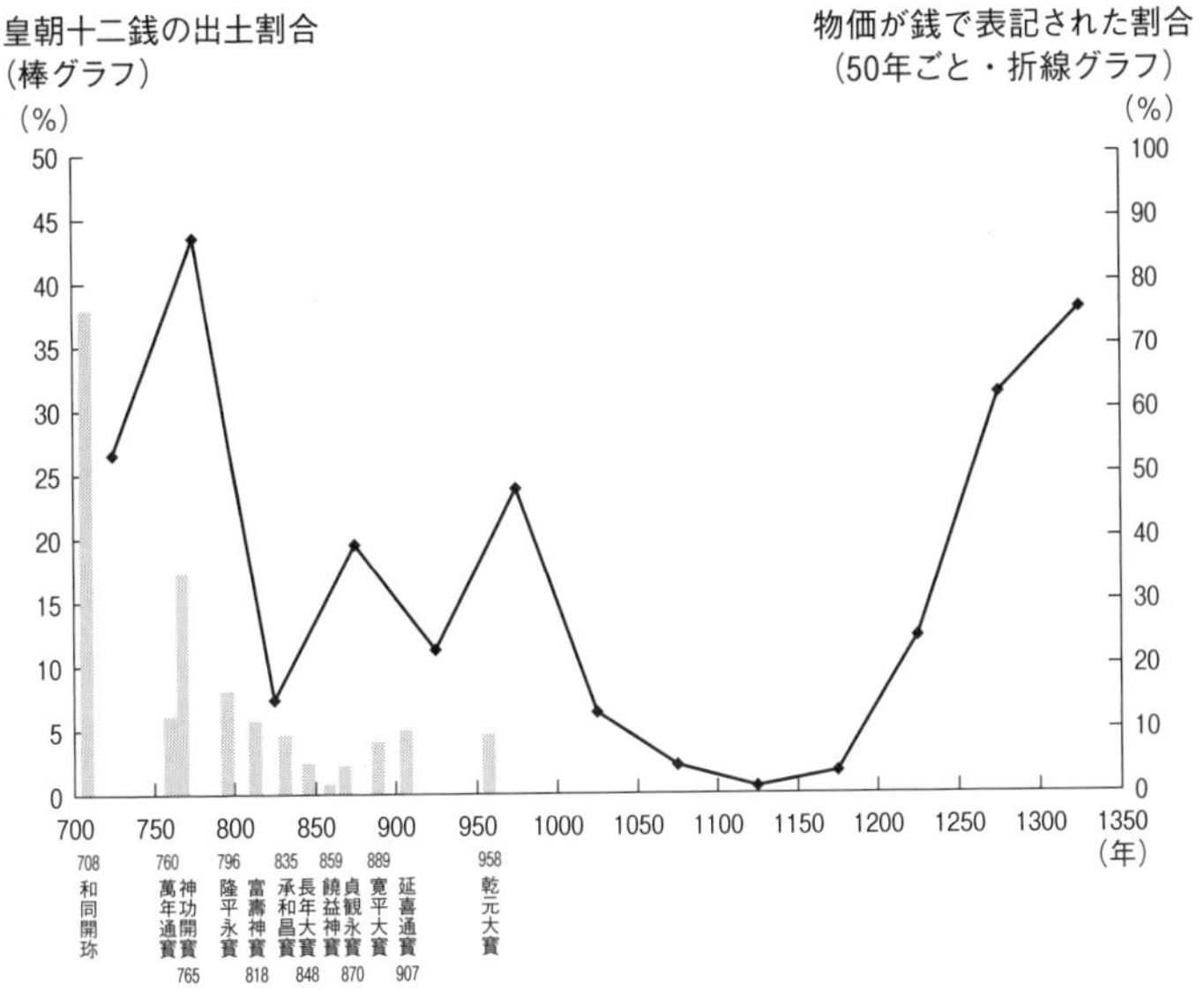

（出所）　森島康雄「貨幣の歴史と虚実」（『丹後郷土資料館調査だより』第６号、2017年）より作成

る割合を50年ごとに集計した値を示したものであるが、この期間は銭表記の割合が低く、鋳貨が用いられなかったことが推測できる。

(3)　渡来銭の流通する時代

その後の生産力の増大や取引形態の変化と12世紀初頭からの日宋貿易による中国銭の国内流入により、銭貨（渡来銭）が使用されるようになった。かつての皇朝銭と異なり、これらの渡来銭は輸入が続き、17世紀初めまで日本国内の主たる貨幣として使用されることになった。その理由としては、かっての皇朝銭に比べて品質が安定していたこと、外国貿易に使用できるという信用があったこと（注35）、その輸入により利益を上げることができたことから継続的な追加供給があったことなどが挙げられる。もちろん、それまでの間には、渡来銭の排斥や公認をめぐる様々な動きもあった。

なお、国内で用いられた銭貨は渡来銭が多かったが、実は国内各地で私鋳（民鋳）したものも少なくなく、ビタ銭と呼ばれる質の悪い銭もあり、多種の鋳貨が流通していた。

これに関し注目すべきは、鎌倉時代・室町時代に朝廷・幕府が貨幣を鋳造しなかったことがある。

平安末期に平氏が宋との貿易に注力したことにより渡来銭が流入したが、かつて国内で発行された皇朝十二銭の記憶（あくまでも貨幣高権に基づく貨幣は朝廷が発行したこと、国内で十分な信用を得ることができなかったことなど）があり、武家政権は貨幣発行益を知っていたに違いないにもかかわらず、その国家的統一の統治的正統性を完全なものとは認識していなかったのではなかろうか（注36）。

というのも、建武の中興の時期においては、天皇の直截《ちょくさい》という正統性のもとに、貨幣や紙幣（楮幣）の発行が計画されたという。幕府自身が中国から貨幣を輸入しており、おそらくこれにより貨幣発行益に相当する利益を入手できたのかもしれず、自らの貨幣鋳造の必要を認めなかっ

図表2－5　中世における貨幣的な役割を果たしたものの特徴

	取引形態	使用機会	使用時の容易性	主な使用者	価値	海外との関係
金	砂金、譲葉金、蛭藻金、大判	高額取引の決済、家臣への恩賞、貴族･皇族･大名等への献上、軍用金	砂金は持ち運びに苦労し、取引時の計量も苦労を要した。時代を経て形状が板状になると、持ち運びが楽になり、計量も容易化。	上級武士、皇族・貴族	非常に高価→地金価値	平安時代後期の日宋貿易の興隆に伴い代価輸出物として盛んに輸出される。
銀	切銀、灰吹銀	一般取引の決済、家臣への恩賞	取引時に計量を必要とし、切遣いにより取引された。	商人、武士	高価→地金価値	戦国時代後期になると、海外からの引き合いが強まる。
銭貨	中国銭（本銭、模鋳銭）	少額取引の決済	そのまま取引手段として使用可。	商人、下級武士	安価→地金価値は低い	中国から輸入、供給量は中国の銭貨事情等に左右される。
物品貨幣	米や布など	少額取引の決済、貢租納入	そのまま取引手段として使用可。ただし価値保蔵面で劣る。	商人、農民	実質価値	海外からの影響は少ない。

（出所）　西川裕一「江戸期三貨制度の萌芽―中世から近世への貨幣経済の連続性」

たのであろうか。もちろん、自ら鋳造した国家貨幣ではなくても、それらの渡来銭などを輸入しておけば歳入面における問題はクリアされるのである。

やがて、戦国時代を経て金貨・銀貨も利用されるようになり、江戸時代の三貨制度が形成され、幕末明治へとつながっていく。

(4) 貨幣制度の統一と貨幣の改鋳

戦国時代後期になると各地で金銀の鉱山開発と技術が進み、それまでの渡来銭を中心とした銭貨に加え、金貨・銀貨が使用されるようになる。初めは秤量貨幣（写真3）であり、重さの単位であった「両」が貨幣の単位となるが、次第に品質を保証するために極印を押すという社会慣行による規格化が進み、これは政権により追認されることになる（注37）。

徳川政権は、金貨・銀貨の発行に加え、約7世紀ぶりに寛永通宝（写真4）という銭貨を発行し、金貨、銀貨、銅貨（銭貨）の三貨の比価を定めることにより貨幣制度を統一した（三貨制度）。これらの

写真3　秤量貨幣

［御公用銀］　［蛭藻金］

※金貨や銀貨の一部が切り取られている。

図表２－６　小判の金含有量の推移

慶長小判（1601年）	15.1g
元禄小判（1695年）	10.2g
宝永小判（1710年）	7.6g
正徳小判（1714年）	15.1g
享保小判（1715年）	15.7g
元文小判（1736年）	8.6g
文政小判（1819年）	7.3g
天保小判（1837年）	6.3g
安政小判（1859年）	5.1g
万延小判（1860年）	1.7g

（出所）　日本銀行金融研究所　貨幣博物館「常設展示図録」p.40～41をもとに筆者が概算

写真４　寛永通宝

写真５　慶長小判

比価は金貨1両に含まれる金の量と銀貨・銅貨との関係を定めたものではなく、名目としての金貨1両との比価であって、金貨そのものの金の量に基づくものではなかった。このため、初めは1両という重量が基準となっていたようであるが、幕府の財政悪化に対応するために改鋳が繰り返されることになった。約260年の間に小判の金含有量はおおむね少量化し、たとえば、最初につくられた慶長小判（写真5）は15・1グラムだったが、安政小判は5・1グラム、最後につくられた万延小判に至っては1・7グラムとなった（金銀比価が国内と海外とで異なっていた状況を改めるため、万延小判は金貨に含まれる金の量を大幅に減

らした）。

明治以前の日本の貨幣史にも、物々交換、税との関係における商品貨幣、国家目的のための鋳貨及び改鋳、鋳貨不適応による商品貨幣への復帰、外国貨幣の流通、さらにはここでは触れなかった山田羽書《やまだはがき》などの紙幣の例や為替や信用状等の信用貨幣など、様々な動きがあった。

(5) 明治維新によって貨幣制度は何が変わって、何が変わらなかったのか

ここからは、明治以降、現在の貨幣制度が定着するまでの重要と思われるポイントをみていく。

ア 中央政府が一手に貨幣発行権を保持

明治新政府になって、当初は、それまでどおりの金貨・銀貨・銅貨を通用させると布告し、現実的に対応した。他方、徳川幕府が掌管していた貨幣鋳造権を引き続き明治新政府が掌握することを宣明した。つまり、徳川幕府と同様に、新政府にとっての財源調達の中心的手段（貨幣財政）として貨幣鋳造権を留保した。この考え方は、徳川幕府の改鋳による財源確保と変わることなく、

図表２－７　1869（明治２）年の貨幣推定量（旧貨を円に換算）

旧金貨（10種）	87,610,652円
旧銀貨（７種）	52,665,787円
旧銅貨など（６種）	6,033,127円
（旧鋳貨合計）	（146,309,568円）
旧藩札など	24,653,203円
全体合計	171,952,769円

（出所）　大蔵省「明治貨政考要」より筆者作成

写真6　新貨条例によるお金

［20円金貨］　［10円金貨］　［5円金貨］

は未だ至っていなかった。

貨幣の発行は社会経済が必要とする貨幣供給を行うものという発想には未だ至っていなかった。

イ　紙幣・鋳貨の活用と整理

徳川幕府自身は改鋳を繰り返したが、自ら紙幣を発行したことはなかった。一方、明治新政府は当初は財政権力の基盤を欠き、政府紙幣の発行に多くを頼った面があった。また、旧藩が発行していた藩札も新規発行は停止したが、残高としては残っていた。さらに、民間銀行に銀行券の発行も認め、いくつもの種類の紙幣も混在していた（大蔵省「明治貨政考要」は、当時の貨幣事情を「錯乱」と表現している）ので、その整理は大きな課題であった。

ウ　貨幣制度の整理

貨幣の単位を円とし、金本位に基づく正貨発行を定めた新貨条例を発布（写真6）。事実上、新1円＝旧1両＝1米ドルとなった（なお、旧1両は幕末に改鋳後の万延小判）。

（参考）　日本の近代幣制のはじめ

明治に入って「元来貨幣の儀は僻地に至るまで不符一様に候ては相済まざる事に付」とし、さらに「御一新公平之正の御趣意」でもって新貨幣の鋳造・発行が企画され、1871（明治4）年5月には新貨条例が発布され、幣制統一の目的と必要が明確に述べられている。そこには、経済社会のあり方を変革し、社会幣制の統一と貨幣の信用の維持を目的に、新貨条例は幣制のあり方として、

・幣制は政府が責任をもって決定すべきことを前提にして、
・日本全国どこでも何を購入するにも通用すること、
・貨幣は定型的・一様性をもって種類は限られるべきこと、
・幣制の統一は流通・貿易・富国の基礎であること、
・日本の貨幣の呼称を「円」と定め、金を基本として量目を決める（価値を定める）こと、

など、社会の現在、将来を見据えて法的に整備することが示された（注38）。

(6) 日銀券の発行へ

本位貨幣の問題とは別に、大きな問題であった紙幣整理（為替会社紙幣や国立銀行券などの民間紙幣、太政官札《だじょうかんさつ》（写真7）をはじめとする政府紙幣、旧藩発行の藩札といった紙幣の整理）に対応して、中央銀行を設立することとし、1882（明治15）年に日本銀行が設立され、紙幣の発行を一元的に行うこととなった。

日本銀行は、1885年に最初の日銀券を発行した。日銀券は金兌換貨幣（初めは銀兌換）（写真8・写真9）とされたが（なお、金貨が市中流通することはほとんどない状態が続いた）、その後、各国同様に金兌換制度は停止され、信用管理貨幣へと転換した（1942年に恒久化）。その間、銀行制度の改善により、預金貨幣の送金による全国的な決済が可能となった。これらにより、鋳貨は事実上補助貨幣となり、コアとなる日本銀行貨幣（日銀券と日本銀行預金）と市中銀行貨幣（預金）からなる二層構造の貨幣制度（注39）が確立し、今に至っている。

なお、日本銀行は、1942年には戦時非常時に対応すべく政府の強力な指揮下に置かれることとなったが、1997年の日銀法改正により、現在では独立性に配慮してその判断で貨幣の発行や金融政策を行えるようになっている。

経済社会の変化に応じて、現金貨幣の世界から銀行の預金を中心とする預金貨幣への動きが強

写真7　太政官札

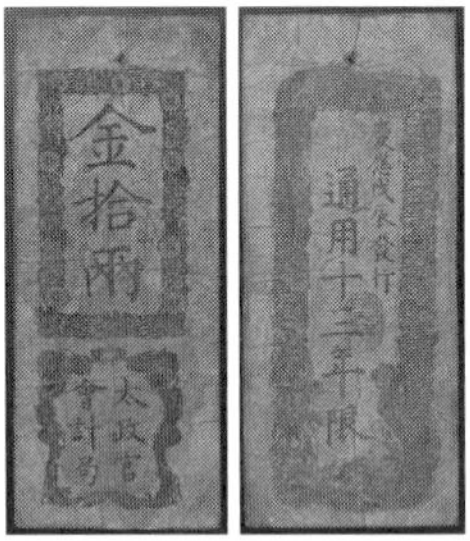

写真8　最初の日銀券

※銀貨との兌換を保証する「此券引《このけんひき》かへに銀貨《ぎんか》拾圓《じゅうえん》相渡《あいわたし》可申《もうすべく》候《そうろう》也《なり》」という言葉が書かれている。

写真9　金本位制のもとで発行された日銀券

※金貨との兌換を保証する「此券引換《ひきかえ》ニ金貨《きんか》拾圓相渡可申候也」という言葉が書かれている。

まることになり、中央銀行が貨幣の発行に関する中心的な役割をよりいっそう果たすような制度となってきた。

6 貨幣は交換媒介として考えれば済むわけではない

ここまで、貨幣の発生を交換と貨幣との関係で、さらに具体的な展開をアメリカと日本の例でみてきたが、現在に至る展開のなかで、今や貨幣は、交換媒体としてのみ位置付けて検討すれば済むわけではなくなっている。

この問題は、すでに少し触れたものであり、かつ第5章で触れる「貨幣の存在がもたらす諸課題」とも関係するが、貨幣に交換の媒介の機能以上の何かを期待できるのかということでもある。現実の経済政策においては、貨幣の供給量や利子率に着目した金融政策がとられているので、実物経済と貨幣の関係が完全に中立的だと人々が考えているわけでもあるまい。ここで、日頃考えていることを述べることとしたい。

(1) 利子率との関係

第一に、利子率との関係である。貨幣は貨幣がない状態と比較して少なくとも取引コストを下げて交換を効率的に実現する効用があることは明らかであるから、実物取引に貢献しているということはできる。ここでいうコストには、時間的な効用の機会費用、在庫や滅却の可能性、交換取引相手の探索コストなど、色々なコストが考えられる。一方、貨幣を調達するときには、それらとは異なるコスト（利子率、決済手数料など）がかかることを考慮しておく必要もある。むしろ、こちらに着目して、消費や投資の実質的な増加を導くために利子率を低く抑えることは昔からとられてきた政策である。これは貨幣の機能というよりも、政策として貨幣の利用コストの変化に着目することであるが、利子率の問題は貨幣を考えるときには避けて通れない分野である。貨幣は異時点間の交換を実現するから、その間の色々なリスクを考えれば当然に利子を勘案することになる。ただ、貸借には一般的に利子が付くものであり、貨幣の発行それ自体が貸借（信用供与）で行われるとすると、返済にあたっては元本部分に加えて利子部分の新たな貨幣が追加発行される必要がある。このような場合の貨幣には自己増殖が組み込まれているものかもしれない。利子は結局は付加価値の一部で支払われるから、この点からも貨幣は付加価値の生産と密接な関係にあることが推測される。

(2) 貨幣と実物取引の関係

第二の問題は、貨幣の増加が実物取引の増減に何らかの影響を及ぼすと考えるのか否かということである。「貨幣は交換の媒体として機能するだけであり、貨幣は単なるベールであり実体的な経済活動に対しては中立的である(たとえば、貨幣量が増加しても実経済には変化はなく、単に物価が上昇するにとどまる)」とする貨幣の中立命題である。

貨幣は次章で述べる4つの次元の機能があるから、静学的な描写では説明しきれないことが多い。また、社会的(人々の期待や予想がある)関係で常に動いているから均衡的な分析でも説明しきれない。ただし、結果的な恒等式で事後的に描写することは可能である。

たとえば、貨幣の中立命題をもとにする貨幣数量説で、次の式で考えるとわかりやすい。

貨幣の存在量×貨幣の流通速度＝一般物価×総取引量

貨幣の流通速度と一般物価が安定的とすれば、総取引量が増加する場合には貨幣残高もそれに見合った増加があるはずであるし、貨幣の流通速度が安定的な場合に総取引量の増加を上回って貨幣存在量が増加すれば一般物価は上昇しインフレ気味である、ということになる(注40)。ただ、これらは結果的にそのようになったということであって、それらの因果関係を説明することにはならない。この結果に至るまでには、実物市場の需給動向、利子率や投資収益率、労働市場の動向、海外との実物・資本取引など、及びそれらに関する期待の変化など、様々な要素が関係することは容易に想像できる。

なお、貨幣量と実物経済が無関係ではない場合があることを示すわかりやすい例はある。まず、総取引量が増えている場合、貨幣供給への要望が極めて強くなることが多い。たとえば、実際には名目価格への粘着性（賃金や物価などの下方硬直性）があり、特に現金取引の場合には貨幣の流通速度にも限界があるので、植民地時代のアメリカで経済規模が拡大するなかで本国貨幣の不足に対応して多くの商品貨幣が生成したり、高度成長時代の日本において成長通貨の供給に配意した資金配分の工夫がなされたりしたことがある。生産力を拡大するために、より多くの所得を分配し、より多くの消費を実現するためにも貨幣的手当が必要であり、成長貨幣（通貨）の供給は必要なことである。

第一次世界大戦後のドイツの超インフレは、生産能力が限定されるなかで貨幣供給量が膨張して一般物価が急上昇したと説明されるし、第二次世界大戦後の日本のインフレも同様である。貨幣への信任は、生産能力の増加とともに落ち着いてくるものである。そうなると、経済規模の実質的な拡大と貨幣量とは相互に関係するようになる。

近年の日本では、マネーストックの増加に比べて総取引量はさほど増えず、また一般物価も上がっていないが、これは貨幣の流通速度が低下していることになる（ベースマネーからマネーストックに至る貨幣乗数も低下しているが)。貨幣量が増えても実物経済への影響は極めて限られる状況となっているといわれるが、少なくとも量的緩和は必要条件なのである。

また、金融資本市場の自由化が進んできたために、貨幣取引のうち実物経済のために行われる割合が減少してきたことも指摘する必要がある。これは次の問題となる。

(3) 資産としての貨幣の取引

第三の問題は、貨幣は実物取引を媒介するだけではなく、それ自身が資産となり、取引の対象となることである。これは、すでに頭出しした問題であり、第一、第二の問題とも深く関係する。

交換という側面から乖離して、貨幣そのものの貸借、売買という貨幣取引である。貨幣を用いた実物交換取引は、第1回目の売買と第2回目の売買によって行われるが、第2回目の売買が未だ具体化されない間は、貨幣は価値そのものとして存在するだけで、いわば貯蔵された価値となっている。とすると、人々はその貨幣を単に保蔵しておくよりも何らかの方法により収益を上げるために使うことを考える。また、手元に貨幣がない場合に貨幣を調達する場合もある。これらの貨幣の融通が金融取引であり、今では全世界の貨幣の取引の大宗がこのような取引である。

マネーストックをみると2022年3月でM1が1006兆円、M2が1184兆円、M3は

1536兆円であり、諸々の取引に伴う資金決済を行うための銀行間ネットワークシステム「全国銀行データ通信システム（全銀システム）」の2021年1営業日の取扱高が約12・5兆円、日銀当座預金決済の2021年1営業日の取扱高が約186兆円、外為円決済交換高の1営業日の取扱高が約18兆円である。2020年末の日本の資産負債残高の総額1京1892兆円のうち、非金融資産は3309兆円、金融資産は8583兆円となっている。

他方、法人企業の総売上高は2020年度で1535兆円（金融業、保険業を除く）であるから、資産取引という金融取引の膨張ぶりがうかがわれる。これらの貨幣取引が実物経済の拡大に貢献していると考えたいが、現在の日本では確かに実感できるのだろうか。

世の中には、生産所得以外にも、株価や地価の上昇に伴うキャピタルゲインがあり、その資産価格上昇による所得効果は確かに存在し、さらに実体経済に関する期待や予想に影響することもある。貨幣を用いる取引ではあるものの、実物としての生産を伴わない部分も少なからず存在しうるのであって、経済効果を資産取引に過度に期待することは持続可能性の観点からも注視する必要がある。ただ、実物経済が拡大すれば第1回目の売買と第2回目の売買の間で貨幣の貯蔵価値は必ず変化するから、その変化への対応という視点も重要であることは確かではある。

実物経済の成長率以上の利子率（実質）は長期的には持続しようがないことと、金融資産取引は膨大なストックが一気に取引される場合があることを想定すれば、すでに大きなリスクを抱え込んでいるとみた方がよいのではなかろうか。実物経済のフローを上回る残高の資産取引が実物経済に及ぼしうる影響のマグニチュードは警戒しておかなければならず、これはマクロ経済の大問題である。

（注1）Moneyという言葉も神殿に由来するという。なお、漢字の「貨」「幣」については白川静「字統」による。
（注2）John Law "Money and Trade considered, with a proposal for supplying the Nation with Money."
（注3）他者から必要な財・サービスを得るためには、強奪、収奪、権力的貢納、一方的借上げなども考えられ、そこには何らかの受益関係がないわけではないが、ここではそれらは外して扱う。なお、古代の専制国家における一方的な鋳貨貨幣の発行などによる財政的な調達は本書の対象となる。
（注4）楊枝嗣朗氏は、「ともあれ、商品交換から貨幣が生まれたという常識は、考古学者の世界ではほとんど受け入れられていないようである」と述べている（「歴史の中の貨幣―貨幣とは何か」p152～153）。
（注5）この批判については、古川顕「貨幣の起源と貨幣の未来」において様々な見解がまとめられている。
（注6）これを取り上げたのは、貨幣の生成がこれに限られると主張するためではなく、契機の1つであることをいいたいがためである。
（注7）「支払い」と「決済」では、現金取引の場合には両者が同時に行われるが、預金通貨取引の場合

には「支払い」したとしても送金先の口座に記帳されるまでは「決済」は終了しておらず、時間的にズレが生じることもあるという違いがある。
（注8） 貨幣について、交換の媒介手段（支払い手段）というよりも債務の清算手段と考える向きもあるが、交換手段であるから清算手段となるのである。
（注9） Ron Michenerは、“Money in the American Colonies”において、「米国植民地貨幣史についてしかじかであったと書いても、それとは異なる事例記録が見つかるから一般化しても無傷ではありえない」としている。
（注10） 貨幣の歴史を語るときには、どのような意味合いの貨幣を頭に置いているのかにもよるのだろうが、鋳貨などが注目されることが多い。しかし、人間社会があれば必ずそこには（広義の）交換が行われたはずであるから、何らかの貨幣が存在したに違いない。また、鋳貨の存在が資料的に確認されたとしても、それ以外の貨幣が同時代に使われたことを排斥するものでもない。
（注11） イングランド銀行は、ウィリアム王の特許状により、英仏間の戦争の戦費調達のために１６９４年設立。初めは王と王妃の２人も株主であり、１６９５年から紙幣の銀行券を発行した。英国の植民地アメリカでは、北米大陸における戦費調達のために１６９０年にマサチューセッツ自治政府による紙幣が発行された。なお、西欧における最初の紙幣はスウェーデンとされている。
（注12） １７９１年にイングランド銀行を意識したthe Bank of the United Statesが、また１８１６年にthe second Bank of the United Statesが連邦議会の決議により設立された。銀行券を発行し政府の財政銀行でもあったが、「銀行の銀行」という機能はもたず、一部の中央銀行機能を果たしたに過ぎず、それぞれ20年間の存続後に廃止された。中央銀行としてのＦＲＢの設立は１９１３年まで待たねばならなかった。
（注13） 以下は、アメリカ財務省・ＦＲＢ・各地区連銀のＨＰ、各州植民地政府記録、米国造幣局のＨ

P、研究者（Joseph Barlow Felt, Paul Einzig, Curtis Putnam Nettels,William Graham Sumnerなど）、American Numismatic Society, Economic History AssociationのＨＰなどを参考。

（注14）ここで扱うビーズ（wampum）は、物々交換の対象であって、後に商品貨幣として扱われることになる。

（注15）浅羽良昌「アメリカ植民地貨幣史論」ｐ1～177においても詳しく説明されている。

（注16）スペインドル銀貨は、当時の環大西洋貿易取引における基軸通貨であった。入植地では、取引はポンド建てで行われ、その支払いがスペインドル銀貨で行われることになる。

（注17）先住民と接触しはじめた頃の物々交換の事例は１６００年前後から数多くの話が残されている。これは１６４０年代前半のことではあるが、オランダ人牧師メガポレンシスが、「（ワンパムについて）先住民たちは、我々が金や銀や真珠をありがたがるように非常に価値あるものとしている」が、「我々の貨幣については、鉄粒以下の価値しかないとして、銀貨をみせてその価値を説明しても先住民からすると我々がありがたがるのはお笑いもので「そんなものは川にでも捨ててしまうよ」と酋長の１人が語った」という話（“Narratives of New Netherland 1609-1664” ｐ１７６より）を残している。これは、お互いに象徴的な価値を共有できない場合には、物々交換（バーター取引）からはじまることを物語っている。

（注18）ワンパムは、当初から貨幣として使われたのではなく、欧州人との交易が増加したことに伴い、急速に交換媒体として扱われるようになったとされる（New Netherland InstituteのSewant or Wampumに関する記載より）。

（注19）Nathaniel B. Shartleff, Press of Willam White “Records of the governor and company of the Massachusetts bay in New England” ｐ２０８

（注20）Ron Michener “Money in the American Colonies”

（注21） David T. Flynn “Credit in the Colonial American Economy”

（注22） アメリカにおける金の本格的な産出は1848年にカリフォルニアで金が発見されて以降となる。

（注23） Eric P. Newmanの“the Early Paper Money of America”によると、13州の発行状況は、1712年までに8州が、1735年までにバージニアを除く12州が政府紙幣を発行した。なお、1755年になるまで発行しなかったバージニア州では、タバコノート（商品貨幣としてのタバコを証券化した紙幣）が広く使われていた。

（注24） Federal Reserve Bank of Boston “History of colonial money”による。

（注25） Claire Priest “Currency Policies and Legal Development in Colonial New England”

（注26） 大陸会議が1777年に採択した連合規約2条、9条において、国としては鋳貨及び紙幣を発行しないとしていた。

（注27） Nathan Lewisは、1800年頃にはアメリカ内で流通していた鋳貨の80％は外国貨幣であったと推定している。

（注28） シカゴ大学図書館の“Guide to the American Paper Currency Collection 1748-1899”によると、「州政府は貨幣を発行できなかったが、他にprivate bankに許可を与える選択肢をもっていた。ケンタッキーではケンタッキー共同銀行を設立し、その全株式は州に属し、その発行する銀行券は連邦法の法貨ではなかった」とされている。

（注29） 遺跡発掘により、貨泉《かせん》、五銖銭《ごしゅせん》などの中国の貨幣が日本国内各地で発見されている。和同開珎は、中国の唐を代表する銭貨である開元通宝をもとにつくられたといわれる。

（注30） これらの古代銭が存在したからといって当時の取引の多くが古代銭を用いて行われたということになるわけでもない。むしろ、生活するうえで人々が用いた貨幣（おそらく商品貨幣）は他にあって、発掘されることなく滅失したものと考えられる。この点は、貨幣史よりも租税史をみることで推

測できよう。当時の税の租庸調のうち、調としては、布、塩、海産物、雑貨などが規定され、おそらく等価の関係で認識されており、特に布については規格が示されていることから、実質的には貨幣的な機能を果たしていたと思われ、支払い手段として用いられたであろう。新羅使との交易にも使用された（今津勝紀「日本古代の税制と社会」）。

（注31）平山朝治「貨幣の起源について」による。

（注32）三上隆三「わが国の無貨幣時代とその解体」。

（注33）その理由として、「財政事情の悪化や、銅の枯渇などを理由に、朝廷が改鋳のたびに銭貨の質を悪化させていったため、庶民の間に銭貨に対する信用低下から銭離れが起こり、これら皇朝銭は10世紀末に鋳造が停止されることとなった」ことが挙げられる（西川裕一「江戸期三貨制度の萌芽—中世から近世への貨幣経済の連続性」）。

（注34）西川裕一（前掲・注33）による。

（注35）「渡来銭が「自国発行のものでない」という点、つまり貨幣価値へのわが国の朝廷や幕府といった公権力の介入権を全く許さないという渡来銭のもつ「中立性」にこそ信認の根源が求められたためである」という井上正夫の指摘も紹介されている（西川裕一（前掲・注33））。

（注36）小葉田淳「中世から近世への貨幣」において、（貨幣鋳造を）奈良・平安時代については「律令制統一国家に必要なものとして考えたのであろう」とし、「不十分ながら貨幣を鋳造し、その通用のために努めた」とする一方で、「鎌倉・室町幕府については国家的統一を考えるようなものではなかった」としている。

（注37）高木久史「通貨の日本史—無文銀銭、富本銭から電子マネーまで」の第2章「三貨制度の形成」による。

（注38）津曲俊英「幣制について」より。

（注39） 日本銀行副総裁 雨宮正佳、2018年10月20日の日本金融学会特別講演。

（注40） 貨幣の量は、（時間が経過すれば）一般物価には影響するが、個別物価には影響しないし、商品と商品の交換比にも関係しないといわれるかもしれない。しかし、おそらく、経済全体の需要に影響は及ぶ。その影響は個々の商品に一律に影響するのではなくて、貨幣の増減によって大きく影響を受ける商品とさほどでもない商品とがまだらに混在するので、結果的には交換比に影響するともいえるのではなかろうか。

第3章

貨幣が交換機能を果たすための条件

1 貨幣が売買を通じて果たす交換機能の4次元

貨幣は、売買を通じて「広い意味の交換」を実現するための媒介機能を果たすものとみることができよう（もちろん、その期待される「機能」についても時代社会とともに変化するから、今日的な目でみた機能に過ぎないといわれればそうであるが）。

現在我々が「貨幣」と呼ぶもので、交換の媒介機能を果たしているものは次の４つの次元で効果（機能）を果たしていると考えられる。

(1) 相異なる財・サービスが交換の対象となる（異なる対象物）

(2) 異なる時点における交換を行える（異時点間）

(3) 異なる地点における交換を行える（異空間）

(4) 異なる人間の間で交換される（異人間間）

かつて筆者が貨幣・通貨の企画を所掌する職場にいたときには、「何にでも、いつでも、どこでも、誰でも」機能するような貨幣制度にしようと語ったものだ。もちろん世の中において、貨幣で何でも買えるわけではなく、かつ売買すべきでないものがあることは当然であるが、時代とともにその範囲は変化してきている。ここから、４つの次元について、詳しく考えていきたい。

(1) 異なる対象物（何にでも）

相異なる財・サービスの間の交換を、貨幣は「売買」という形で実現している。貨幣を媒介したA・B間の売買時には、売り手AがBに売る品物aは特定されているものの、Bから得た貨幣を用いてAが自ら購入する財・サービスは（結局は何か特定の財・サービスと交換されるといっても）未だ特定されていない状況にある。これは逆にいえば、品物を売ることと引換えに貨幣を入手することによって、可能性としていかなるものも交換の対象としうる手段を手に入れることである。それは貨幣という形をとっているから可能となる（むしろ、そのような機能をもつものを貨幣と呼ぶことになる）。

つまり、貨幣は何にでも交換できる（買える）ものである。さらにいうと、世の中のすべての商品（財・サービス）を貨幣価値で示すことができるということは、貨幣は世の中の全部の商品との関係においてその価値が示されるともいえよう。それがゆえに、貨幣は財産的な可能性という一般価値となり、人々は貨幣を欲することになる。

(2) 異時点間（いつでも）

広義の交換を行う場合には、その対象物が目の前になくても、欲しいものをいつかの時点で入手できるという確信が前提となる。

　狭義の交換では当事者が特定の時点で相異なるモノを提供しあうが、自分がモノを提供できる時点と自分が欲しいモノを相手が提供できる時点とは往々にして一致しない。そこで、市場機能に委ねることになる。市場では、旧知の相手ではなくとも現在の誰かに提供して、将来他の誰かから何かを購入できる。将来の購入時まで貨幣という形で価値を保有する、すなわち異時点間の交換を仲介することが、価値保蔵機能といえる。労働の提供による賃金として貨幣を受け取り、必要なときに物資を購入するのはその典型であろう。いかなるものをいかなるときでも入手できる手段が存在して、それが自らに提供され、実際にその手段の媒介によって交換が実現できる仕組みがあるならば、人々は財・サービスを他者に提供する。

　貨幣の形で保有し続けて時間を経て、何も購入しないままこの世を去る人もいるであろう。その場合、具体的な物的資産ではないが、相続人が受け取ることになる。その相続人がいつか何かを購入するかもしれないし、さらに次の相続人に引き継がれるかもしれない。そして結局は、時間を超えて何かと何かを交換できることになる。貨幣を一種の債務と捉えると（貨幣保有者からすると債権）、債権債務関係がいつか履行実行されるまで（債権者がその請求権を行使する（債務弁済される）ときまで）の間は、貨幣は残高として社会に存在することになる。

　このように、人々は貨幣を貯めることができる。ただし、その権利の価値が時間の経過とともに変化することがあるようならば、人々の判断や行動に影響を及ぼすことがある。

(3) 異空間（どこでも）

交換対象物が同じ地点で物理的に目の前に存在することもあるだろうが、地理的に離れている場合も多いであろう。むしろ、人々が交易の対象とするのは、地理的に異なる場所で生産され所在するモノであろう。異なる空間にある財・サービスであっても（どこでも）交換できる手段があれば、人々はそれと引換えに財・サービスを提供するであろう。貿易はその典型であり、人々の経済的効用を高める効果をもつ。貨幣には、そのような異空間の取引を促進、媒介する機能がある。

異空間の取引を安定的に実行ならしめるのは、取引当事者がその貨幣に価値を認めるという点と、契約制度や財産権設定という法的制度があるという点において、社会的には1つの制度のもとにあることが必要である。その法的制度を実効ならしめるのは、遠隔地間の支払い・決済を可能にする貨幣制度である。遠隔地間の支払いは、送金という決済作業により実行される。現金を運ぶこと以外に、為替送金が広く行われる。為替送金の場合には、別途確立した社会システムが必要である。通常は、銀行や送金業者がそのサービスを行う。

当事者が異なる貨幣を利用している場合には、いわゆる為替レートが発生するが、いずれにしても貨幣というものの価値は共通して理解される必要があり、その限りにおいて、ある程度共通する規範意識の社会の当事者であるということになる。

(4) 異人間間(誰でも)

交換は、顔見知りでない人間との間でも行われる。分業は一族内や旧知の仲の人の間だけではなく、地域社会を超えて行われる。そこには日常的な対話もなく互酬すべき間柄もない場合が多くある。まったく見知らぬ買い手であっても、前出の(1)、(2)、(3)を可能とする貨幣との引換えならば、交換が行われる。貨幣は、旧知の当事者間だけではなくとも、任意の第三者である誰とでも交換を可能にするのである。それは、取引制度としての市場の機能である。その市場の交換取引を実際に可能ならしめるのが、貨幣である(もちろん、見知らぬ売り手から購入する場合には対象物に関する目利きは備えておく必要があろうが)。

異人間間であっても、人々は、(自国の貨幣であってもなくても)貨幣を用いれば交換を実現できる。ただこの場合には、最低限の財産権の相互尊重や「Pacta sunt servanda」(合意は守られなければならない)という規範と、ある程度の平和的共存に関する意思を共有する必要がある。さもなくば、実力行使を伴う強奪合戦になりかねないためである。

2 交換機能を果たすための5条件

貨幣が交換機能を4次元（何にでも、いつでも、どこでも、誰でも）で果たし、現実社会で継続的に使われるためには、その時々の社会的要請に対応するいくつかの条件が揃うことが求められ、それで初めて現実的な貨幣になりうる。交換機能の4次元は潜在的には不安が伴うものであるから、それを乗り越えて一般的に使用されるには、主に次の5つの条件が必要になると考えられる。

(1) その貨幣が確実で実効的であること（確実性と実効性）
(2) その貨幣に安定性があること（価値安定性）
(3) その貨幣の取引が効率的（便利）に行えること（取引効率性と利便性）
(4) 世の中の取引を媒介するに適切な量が供給されること（需要に見合った量の可用性）
(5) その貨幣に対する権利に公示性があること（真正な権利者の公示性）

これらは、それぞれが幾分か重複しあうところもあるが、この5条件が担保されない場合、実際の貨幣が使われるには支障や問題が出てくるであろう。むしろ、これまで実際にこの世に現れてきた貨幣の変遷は、これらを現実的に充足するために行われてきた人為的な工夫による適応の歴史ということもできよう。それは、時代の要請にあったよりよい形を求めて変遷してきた、貨幣の進化の歴史であり、その進化は現在進行形で続いている。現在の貨幣のデジタル化もその一例といえよう。

ここから、5つの条件をみていきたい。

(1) 確実性と実効性

何にでも、いつでも、どこでも、誰でも貨幣として通用するということは、その社会において、その貨幣の一般的受容性が確立されていることと言い換えられる。少なくとも、貨幣を使う人たちにとって、その貨幣が貨幣として確実に通用し、貨幣の4次元で機能を実効的に果たすことが、1つ目の条件となる。

ア 商品貨幣の場合

歴史的にみて、商品貨幣としての金は、銀とともに価値が確実なものとして評価され、多くの地域で貨幣の主要な位置を占めてきた。金本位制から現在の管理通貨制度の時代になっても、有事の際には金が重視される。金は、程よい希少性、加工の容易性、腐食性がない、判別性が高いなどといった特性があり、受容性において確実で実効的である。世界中ほとんどどこに行っても、人々は金が好きであり、また素材として、最終的な商品貨幣とされる。

アメリカの例をとってみても、かつて紙幣を発行する場合、金銀を本位としていた。（それが償還されたかどうかは別にして）そのような紙幣は、その紙が金銀へ償還されるという確実性が必要だったのである。

他の商品貨幣の場合はどうかというと、ワンパムと同時代に貨幣として使われていたとうもろこしやビーバーの毛皮、米などは、他の商品（たとえば野菜、果物など）と比較しても交換性が確実であり、価値を人々が認めていたものであると考えられる。それらの商品も証文化され貨幣機能をもたされた場合があったが、貴金属に比べて、日持ちのしないものであり、かつ年々の価格変動も常にあって、貨幣としての役割を続けるにはやはり限界があったのであろう。また、商品の場合には、質の良し悪しも重要となる。たとえば、植民地政府が商品貨幣で税の徴収を行っていた頃、たとえば、タバコ10キログラムと定めたとしたら、納税者側は最も悪い品質のタバコで収めたであろう。悪貨は良貨を駆逐する。

イ　信用貨幣の場合

信用貨幣とは、金銀や何かの商品ではなく、人々の間の信頼や信念に基づく「人間の行為に関する合意」により成り立つ貨幣のことである。このような貨幣であっても、その社会の人々にとって一般的に確実性が承認されれば、貨幣となる。信用貨幣の基盤としての一般的合意は、大元に遡る個別の合意により構築されるから、個別性を乗り越えて一般受容性をもたらす仕組みが用意されている。現在の日本や多くの国の貨幣は、この信用貨幣である。

前にみたように、植民地自治政府が発行した植民地紙幣のようにほとんど償還されることがなくても、価値あるものとして償還請求することなく当たり前に流通していると、人々はそれを不思議に思うことなく当然として受け止めるようになる。そのこと自体が貨幣の確実性を問うことをいつのまにか忘れさせて、それだけで確実性を示すと理解されることになってしまう場合がある。貨幣の最も面白いところ、不思議なところであり、危ういところでもあって、堅固なところである。ただ、戦争や革命、経済社会の大変革時にはその信用貨幣の根本的な問題（潜在的な償還）が問われることになり、場合によっては信用が失墜して代替的な貨幣が生まれることもある。

なお、貨幣が法定される場合には、歴史的には、当該貨幣を納税にあてることの適格性が重要視されてきた（逆にいえば、政府が受け入れるということが、当該貨幣の信用を担保するという見方もある）。貨幣に関する法制をみても、税や公的手数料や罰金支払いに使える旨を規定する場合が多い。これは、貨幣として使える確実性を政府が補強していることになる。

ウ　確実性の基本となる偽造耐性

貨幣の確実性はそのよって立つ商品や合意・信用が人々によって確実に信頼されることが基本であるが、信頼を損なうものとして「偽造」がある。太古の昔から、商品貨幣でも信用貨幣でも、貨幣の偽造はよく行われてきた犯罪である。偽造耐性が弱いと、受容性に疑問符がついて汎用性が損なわれ、確実性と実効性が欠けることになる。信用貨幣が受け入れられ、貨幣の機能を果たしているのは、様々な工夫が積み重ねられてきたからである。

(2) 価値安定性

貨幣は異時点間の交換を媒介するから、貨幣そのものの価値が変化することは当然に好ましくない。第1回目の取引（売買）時の貨幣の価値と、第2回目の取引（売買）時の貨幣の価値が異なることは、貨幣の使用形態をも変化させうる。

重要なのは、自分が何かの商品を提供して得た貨幣の（想定）価値について、次にその貨幣を用いて何かを購入するときにそのままの価値が維持されているかどうかである。貨幣は、世の中のあらゆるものといつでも交換可能なものであるが、その交換能力が減じるようでは（インフレ）、貨幣を誰ももちたがらない。逆に、交換力が増大するようであれば（デフレ）、人々は貨幣を貯め込んでしまう（ただし、別途、機会費用としての利子率を勘案する必要がある）。

これは、貨幣を用いることのリスクでもある。商品本位制をとっている場合にも生じるが、特に信用貨幣（管理通貨制度）の場合には発行が政策に影響され著しく不公平になる場合があるので、貨幣の価値安定性は重要である。逆にいうと、価値安定性のない貨幣は長くは存在できないことになる。

金が貨幣の中心的な存在であった時期もあるが、金価格は常にしかも大きく変動するから「交換力」としては必ずしも安定的ではなく、資産としてはともかく、貨幣として社会の安定に寄与するベストなものかどうかは、議論がありそうである（金本位制の時代の金価格を考えると興味深い）。

なお、貨幣の価値安定の重要性はいつの時代にも強調されるが、そもそも「貨幣の価値の安定」は論理的に期待できるのか、という問題がある。

たとえば、貨幣が商品ａと商品ｂの交換機能を果たすということは、ａとｂの価格を貨幣価値で表すことになるが、ａとｂの交換比率は生産や消費の動向によって時間とともに変化するから、ａとｂの相対価格も変化する。とすると、ａやｂという商品との相対関係において決まる貨幣の価値は、結果的に変化することになる。人々が交換する商品総体との関係で貨幣の価値は決まるという場合であっても、商品総体（その構成）それ自体も時間とともに変化するから、いずれにしても「貨幣の価値」を一義的に安定させることはできないと考える方が適切ではなかろうか。したがって「貨幣の価値」の安定に関しては、人々がそこそこ納得しうる変化の範囲内にあればそれで足りるくらいのものなのであろう。

(3) 取引効率性と利便性

ア 取引費用

貨幣に限らず、何であってもその取引費用が大きいと、実際の取引は非効率になってしまう。特に、貨幣は貨幣以外の交換取引を媒介するのであるから、その対象となる財・サービスの実際の取引費用に加えて、貨幣自身の取引費用がかさむとなると、さらに取引全体費用を押し上げることになるから、取引費用が大きくないことが重要である。

貨幣の取引費用としては、まず、価値を認識するために貨幣を標準化する必要があり、その標準化のための費用がかかる。価値計測が効率化され、便利でなければならない。社会においては、度量衡と同じく共通に標準が認識される必要があるから、それゆえ、貨幣の単位を共通化し定型化することが、取引効率性と利便性につながる（社会において複数の計算貨幣や実物貨幣が並存することはあるが、それらは次第にまとまってくる場合が多い）。定型化は、煩雑な秤量貨幣を使うよりも価値を定額化することで効率化が進んできたが、それでも複数の定額があることでお釣りが出るという非効率があり、今日ではデジタル化によりその非効率も縮減されてきている。

次に、貨幣の作成・保蔵費用がある。金の場合は、採掘費用から形成費用、運搬費用がある。さらに、売買時の運搬、保蔵費用、また偽造が簡単であれば真偽確認の費用がかかり、取引の効率性を邪魔する。金の場合、少量でも高価値なので、大量でなければ移転は大きな問題にはならないかもしれない。また、ヤップ島の「フェイ」という大きな石貨幣のように、物理的な移転を必ずしも予定しないならば、作成には大きな費用がかかっても、保蔵や使用にはさほど費用はかからないのかもしれない。

銀行券や政府紙幣もその作成費用がかかり、兌換紙幣とするとその体制整備などの取引費用がかかり、預金も維持管理する組織の費用などがかかるが、移転や保蔵にかかる費用は商品や金属鋳貨に比べれば大きくはない。

なお、最近面白い事象が起きている。それは、取引の効率化のためのいわゆるキャッシュレス化の進行に伴い、支払い手段が多様化して、相互の互換性などが担保されないと、支払い方法の効率化を図ろうとして逆に汎用性を阻害している場合がみられることである。キャッシュレス手段間の競争に委ねればいずれその非効率は解消されてくるのかどうか、みていきたい。

イ　移転の確認容易性

商品貨幣以外で形もない貨幣の場合、当該社会の構成員による観念的もしくは口頭了解だけで存在するようであれば、その帰属の移転について明確な証拠により権利の所在の真正性が確認できることが要請される。そのための仕組みがない場合、決済性や支払い完了性が確認できなければ、支払いを何回も求められる可能性が残る。このため、抽象的な貨幣を具象化して可視化することが求められるが、それにかかる手間と費用が大きくなることは避けたい。この要請に対して歴史的には、むしろ領収書や証券などの制度で補完してきた。例としては、北米でタバコを貨幣としていた時期にはタバコという商品を倉庫証券化（タバコノート）したことがあり、有価証券化は1つの解決策でもあった。

預金貨幣の場合には、当事者の間の決済は、当事者だけではなく、金融機関という第三者に移転関係記録が残されるという確立した制度を用いることで、実物貨幣でなくても債権移転の確認ができる。

なお、この資金移動の確認に関しては、近年ではデジタル技術の進展による大きな進化がみられており、キャッシュレス手段や最近のブロックチェーン技術などを用いるP2Pを含めた資金移動の変化は注目される。

ウ　最終性の担保

取引にかかる決済完了性が貨幣の交付によって担保されなければ、取引をめぐる紛争がいつまでも続く可能性があり、経済社会における取引の安定性は著しく損なわれる。すなわち、当該貨幣が、決済にかかる社会慣行を定着化させるのに有効であるのかどうかという点である。

通常は法貨と認識されればそれで済むことが多いが、法貨でなければ法貨と同様の法的効果が共通に認識されることが重要である。現在では銀行口座間の振替等はそのように認識されるが、仮に銀行の倒産などが頻繁であるような社会ではそのようにはいかない。銀行預金も最初から貨幣の機能をもつわけではなく、小切手や振替・振込といった銀行間の記帳・決済制度、銀行に対する健全性監督や預金保険制度などの確立といった仕掛けがつくられるようになって、信用の程度が著しく高まってきた。これらに伴い人々は決済完了性を認めるようになったもので、支払いの最終性が確実に担保されると人々が認識するから、預金も貨幣と認識されるのである。この意味で、安定的な銀行制度は今の貨幣制度の極めて重要な要素となっているといえる。

(4) 需要に見合った量の可用性

可用性（availability：入手または利用可能性）に鑑みると、貨幣は世の中の経済取引の媒介をするものであるから、その経済社会の取引量に応じた貨幣量が供給されることが重要である。もし、不足すれば、人々は代替する貨幣をつくり出してしまう。植民地時代のアメリカでも、本国貨幣（コイン）が不足していることに対して、商品貨幣やコイン・紙幣の製造などが試みられた。貨幣不足のなか、農業生産の増加という経済成長が続くと、生産物価格が上がらず、収入が増えない状況があったため、価格維持のためにも様々な商品貨幣が生み出されたのである。

戦後の経済成長著しかった日本においても、経済成長、すなわち生産・流通・消費等の取引増大が実現するときに生じる貨幣需要の増加に対応するための「成長通貨」の供給は極めて重要な政策であった。

これとは逆に、経済成長に伴う取引増加とは異なり、財政の都合や戦費調達のための紙幣発行による貨幣量の急増（独立革命時の政府紙幣（Continental）や南北戦争時の合衆国紙幣、明治初期の政府紙幣など）は、貨幣価値の下落をもたらす。これまでの経験から、貨幣の量に関しては、過剰供給への懸念が語られることが多く、制度的にも政府紙幣の発行抑制や中央銀行による国債引受けが制限されるようになってきたが、過剰も過少も問題なのである。なお、資産取引への投機などのいわゆるバブル時の貨幣供給にも注意が必要である。

前記の確実性・安定性にも関係するが、貨幣が量的に適切に供給されるということは、貨幣が期待される機能を果たすための重要な条件であるといえる（後で触れるが、日本銀行や連邦準備制度の発足時の1つの目的でもあった）。

(5) 真正な権利者の公示性

真正な権利者の公示性とは、貨幣保有の権利の真正性を公示できるかというものである。

ヤップ島の石貨フェイのうち、巨大なものは、所在地を動かすことはなくとも、そのフェイの所有者が誰なのか、真の権利者は特定されているという。しかし、持ち運びが可能な貨幣の場合、またその貨幣に個性がみられないときには、それを手にしている人以外に誰が真正な権利者なのか公示することは極めて難しい。これまでのところ、この問題に関しては、逆に金銭にかかる処分権は現在の保持者に帰属するものとし、他方、それと原因行為を分けて、原因行為に関しては別途に請求権を行使できることになると考えられている。

たとえば、有体物としての金銭に関し、判例（最高裁第2小法廷　昭和39年1月24日判決）では「金銭は、特別の場合を除いては、物としての個性を有せず、単なる価値そのものと考えるべきであり、価値は金銭の所在に随伴するものであるから、金銭の所有権者は、特段の事情のないかぎり、その占有者と一致すると解すべきであり、また金銭を現実に支配して占有する者は、それをいかなる理由によって取得したか、またその占有を正当づける権利を有するか否かにかかわりなく、価値の帰属者すなわち金銭の所有者とみるべきものである」としている。つまり、金銭の所有権は占有している者にあるとし、占有が権利の所在を公示することにしている。このことは、もちろん、占有に至る原因行為の正当性を是認しているわけではなく、所有権に基づくのではない原因（たとえば不当利得）による返還請求などは成立しうることにはなる。

なお、現金と預金は経済的には貨幣ではあるが、一方は有体物で他方は（消費寄託）債権であるという違いを考えるのならば、前記(3)～(5)の評価は異なりうる。特に、(3)取引効率性と利便性に関しては、銀行組織全体、金融システム全体の維持費用も考慮すべきことになる。これを民間銀行のシニョレジ（通貨発行益）で賄うのか、手数料で賄うのかなどの問題もある。

＊　＊　＊　＊　＊

このように、現在においては、少なくとも、⑴確実性と実効性、⑵価値安定性、⑶取引効率性と利便性、⑷需要に見合った量の可用性、⑸真正な権利者の公示性、という5条件を備えなければ、この社会において貨幣として安定的に存続することはできない。

色々な新しい貨幣や貨幣の代替が出てきているが、その成否はこれらの要件をどの程度満たせるのかにかかってくることになる。逆にいえば、貨幣として存在してきた従来型の貨幣よりもこれらの要件においてより充実したものが出てくれば、現在の幣制も相当の改革を求められることになる。近年の貨幣のデジタル化についても、中央銀行デジタル通貨（ＣＢＤＣ）を含め、現行の現金や預金貨幣に比べて⑴～⑸の要素が強化されるのかという観点で整理すると、今後はみえてくるものが増えるだろう。

なお、貨幣の発行及び流通管理にかかる費用については、社会的にはさほど意識されてこなかったことが多いが、今後、この問題は顕在化させて議論していく必要があると思う。これまでは中央銀行を含めたシニョレジや手数料その他の費用で賄われてきたが、貨幣のデジタル化が進んだ場合には、それらの費用を誰がどこで負担していくのかがつまびらかではないことが多く、特に、個人情報の提供やその複合的な利用によって得られる利益がその費用負担に対応する場合があるとも考えられ、よくみていく必要を感じる。

第4章

貨幣の適応と工夫

前章では、貨幣の４次元・５条件をみたが、本章では、それらをかなえるための適応や工夫、考え方を具体的な例のなかで取り上げてみてみたい。

日米の貨幣の展開について、もう少し深掘りをしてみよう。

貨幣は、時代とともに複層的に変遷・展開して存在するが、ここでは、形態として商品貨幣と信用貨幣、発行体に着目して政府貨幣、私鋳銭・私札、銀行貨幣を取り上げる。

1 形態でみる工夫

(1) 商品貨幣における工夫

商品貨幣とは、一般的に受容される商品自体の使用価値などの価値が交換価値となり、それが貨幣として機能するものである。使用価値を交換価値として、それ自体が確実性と実効性を担保することになる。

たとえば、ビーバーの毛皮についてはすでに述べたが、17世紀から18世紀にかけて、アメリカにおいては、タバコもビーバーの毛皮以上に広く長い期間にわたって貨幣として用いられた。当時の北米の南部地域にとって、タバコは欧州への主要輸出産品であった。

商品貨幣において、商品は量と質において価値が評価されるから、確実性を確保するためにいくつかの工夫がみられた。

ワンパムの場合には、貝殻の色、貴金属の場合には種類と純度などが重要であった。タバコは当初、地代や租税の支払いに使用されたが、その後、生産者が公立の倉庫にタバコを持ち込み、検査官が質と量を確認して樽にスタンプを押し、その証文を譲渡可能なタバコノートとして発行して、それが貨幣として転々流通する仕組みがつくられた。

金本位制のもとでは、一定の純度のもと、硬貨に額面を刻すことなく、一定量が保証される刻印がなされた商品貨幣もあるが、タバコの場合にも、硬貨への刻印と同じように質と量に関する確認行為が行われて、社会的信頼を確保しようとしたことがわかる（もちろん、スタンプをもらうには手数料が必要であった）。

こうした事例は他の国でもみられ、ロシアでは、テンの毛皮に関し、鼻や手も揃った1枚の毛皮のみが貨幣として扱われていたが、その後次第に、毛皮の耳が、さらには政府の刻印のある毛皮の小片が交換手段として流通するようになったという（注1）。

こういった定量化、証文化は取引の効率性のために効果的ではあるが、その表示が信頼できるのか、またその証文の真性と現物化（現物引出し履行）の確実性に関する信用が介在することになるため、発行の適正さを担保することが必要になってくる。したがって、生産とは別に、発行体や認証体の信用を確保することが重要になる。

なお、商品そのものを貨幣として用いる場合、運搬費用、保蔵費用、価格の不安定性、供給量の非弾力性（非弾力性が重要という指摘もあるが）といった課題がある。商品貨幣はそれ自体の供給生産が変化し（季節的な変化もありうる）、自らが基準であるべきその価値も時代とともに変化し、かつ他の商品との相対価値も変化するという難点がある。そのゆえに、商品貨幣の場合には、その商品としての価値と貨幣価値が事実上乖離することが往々にして発生する。これらに対応するために、定型化、造幣局の設置による品質保証などの様々な工夫が行われたが、それが商品貨幣の信用貨幣化と象徴貨幣化へとつながってくる。

(2) 信用貨幣における工夫

人と人との約束に価値を認めて貨幣とする信用貨幣の場合には、人為が基本的な要素なので、確実性においては劣後せざるを得ない面もあるが、運搬や保蔵などに関する効率性や、供給量の弾力性においては商品貨幣に勝りうる。紙幣はそのほとんどが信用貨幣であり、社会経済の取引に対する一定の信頼があることが前提になる。硬貨の多くも信用貨幣である。

信用貨幣と商品貨幣は対立的に考えられることがあるが、使用価値・消費価値のみに基づく純粋商品貨幣を除いて、ほとんどの商品貨幣にも信用にかかる部分がある。秤量貨幣であっても信用にかかることがあり、金貨や銀貨であっても、額面が打刻されていれば、改鋳が行われた場合には、金属の価値と額面が乖離することもありうる。その場合、金属価値を額面が上回っていると、その乖離は信用に基づくものであるから、それも信用貨幣という性格をもつ。

典型的な信用貨幣は、不換の政府紙幣や銀行券がこれにあたる。兌換紙幣であっても、兌換という約束のうえに成り立っているものであり、さらに本位商品の発行準備を上回る部分は客観的には信用貨幣であり、商品貨幣といっても信用貨幣の性質をもっている。

信用にかかる部分とは、その証書が正当な（偽物ではない）ものであるか、発行体の信用力、第三者が受け入れるという社会全体への信用、潜在的な償還可能性などの諸点があり、これに対応するために、発行体の制限（たとえば、特許・免許制度）、紙幣製造の集中化、発行体の資産をもとにした発行限度額の設定などの工夫が行われてきた（注2）。

(3) 商品貨幣と信用貨幣の共通点

すでに金属貨幣の改鋳などに信用貨幣的な要素があることを述べたところであるが、さらに基本的な問題があることを示しておきたい。それは、商品貨幣といえども、経済社会においては基本的には権利の相互承認であることから免れないことである。

商品貨幣は、その希少性や属性に価値を認めて、その商品（たとえば、金）そのものを貨幣とするものである。貨幣は、経済社会における交換を実現する。それは、その対象物（サービスも含む）に対する財産権を交換することであり、財産権はその権利者に何らかの処分権を与えて他者による処分を排除する。

たとえば、物理的に1キログラムの金が存在し、それは秤量貨幣として使用できるとしよう。A、B、Cが何らかの売買取引をするときに品物と引換えの代金として金を受領したとして、それで決済は終了すると考える。しかし、それには前提がある。その前提とは、貨幣を受領した者に権利が移転し、その権利が社会的に承認されて保護されるということである。物理的に金が存在することと、その金にかかる権利とは別個のことである。権利の移転（変動）が社会的に認められて初めて支払い完了性も完成する。信用貨幣は、何か物理的な関係を前提とすることなく、対人的な債権債務関係で成立している。とすると、権利（物権的であれ、債権的であれ）の変動にかかる社会的な相互承認、約束、それこそがこの貨幣の「貨幣としての機能」を裏付けているものであり、それを社会における「信用」の関係というのならば、商品貨幣も信用貨幣も信用性が基礎にあると理解されよう。

なお、商品貨幣にせよ、信用貨幣にせよ、ある種の貨幣が発行され利用されたとしても、実際には世の中の取引は当該1種類の貨幣のみで行われるのではなく、他の貨幣も同時並行的に用いられることがあり、その関係は人々の間の相互承認と約束を基本として、それぞれの5条件（確実性と実効性、価値安定性、取引効率性と利便性、需要に見合った量の可用性、真正な権利者の公示性）の充足度の関係によるのではなかろうか。

2 発行体でみる工夫

発行体に求められるのは、商品貨幣の場合には品質と量の確実性、信用貨幣の場合には償還確実性などがあろうが、いずれにしても発行体に対する信頼と信用である。

(1) 本位制における硬貨・コイン（造幣局の対応）

1871（明治4）年に造幣局が設けられた当時の建前は、（当時の造幣規則によれば）所持人が持ち込んだ金銀を造幣局が検査して日本国貨幣を製造し、所持人は手数料を支払って貨幣を受け取るというものであった。新貨条例の前文諭告にはその旨が示されており、アメリカにおいても同様の趣旨が、貨幣法（Coinage Act of April 2, 1792）に書かれている。

このような金銀貨幣の場合、製造は政府の造幣局で行われ、発行主体については他の商品貨幣の製造・発行と同様に、製造＝発行となる。金銀の一定量が単位貨幣に相当すると定められていたから、金銀貨幣の場合にはその金銀がどこで誰によって生産されたものであろうと金銀の純度と量が確定されていれば、その認証が確実ならば発行体は問題とはならないことになる。ただ、ここでは定型的（純度や量）な硬貨の額面を決めて世の中に供給するという役割が重要となり、その認証独占を国の造幣局が行っていたという意味で、造幣局が発行したといえるかもしれない。「質と量に関する認証」という工夫である。認証手数料は、シニョレジ（通貨発行益）の1つでもあった。認証自体が信用されるには、認証する技術、認証主体への信頼ということから、政府がそれを担う場合が多かった。通貨に対する信頼の維持を目的として、造幣局が製造した貨幣の量目を試験する「製造貨幣大試験」を財務省が毎年度行っているのは、象徴的といえる。

なお、金銀の生産を統治権力が独占することも少なくなかったが、その場合にはまた別のシニョレジが目的とされた。貨幣の歴史の多くは硬貨（コイン）の歴史でもあるが、実は改鋳の歴史でもあり、我が国の硬貨の歴史をみても、皇朝十二銭も江戸時代の金属貨幣も品質を落とす改鋳の繰り返しであった（一部、品質を戻すこともあった）。同じ額面であっても金銀の量が減らされていった理由は、貨幣の製造発行権を独占していた朝廷・幕府の財政の都合によるものであって、経済の成長に対応した量的な供給という観点ではなく（注3）、また確実性、安定性という面においても問題が生じる。そうなると、本位制の効果は薄くなり、信用貨幣としての問題点が出てくることになる。

(2) 政府紙幣

同じく政府貨幣である「政府紙幣」も、戦争や緊急事態の財源調達のために発行されることが多く、その後市場価値が減ずることが多かったために、よくいわれることは少ないが、工夫がないわけでもない。

先に触れたように、アメリカにおいては、英国本国よりも早く植民地時代の1690年には本国の了解のもとで英国通貨建ての植民地紙幣が発行された。独立革命時には、Continentalといわれる政府紙幣が戦費調達のために発行され、南北戦争に際してはいわゆるGreenback紙幣などが発行された（南部諸州も当然に発行したが、その効力は結果的に否定される）。アメリカの政府紙幣（United States Note）は、経済社会の貨幣量を維持する目的でその後も発行され続け、1971年まで実際に市中で流通していた。なお、現在のFederal Reserve Noteは中央銀行券であり、同時に国の債務とされている。

日本の場合にも、明治維新時に、新政府が太政官札などを発行して戦費など財政に必要な資金を調達した。これに加えて、旧藩が発行していた藩札などの多種類の紙幣が明治前期には混在していたため、「紙幣整理」が極めて重要な政策となり、これが日本銀行設立につながっていくことになった。

なお、日米ともに、政府紙幣は発行当初は兌換券として発行されたが、実際には将来の税収をあてにした不換紙幣となったので、実質価値は下落する場合が多く、必ずしも評判がよいものではなかった。本来、政府は発行体として最も信用が高いはずだが、政府にとっては貨幣を供給することが必ずしも第一番の優先事項であったわけではない。ただし、このような政府紙幣は、それぞれの国の国制の最重要時に政府が必要とする貨幣の量を確保するために発行される場合が多く、極めて重要な役割を果たしたことも事実である。銀行貨幣がメインストリームである現在においても、経済が不調なときにはその発行が議論されることもある。

(3) 私鋳銭・私札

世の中の諸取引の額や量に応ずるだけの貨幣が存在しないとき、あるいは経済社会が必要とする貨幣発行を統治権力がなさない場合、経済社会は自ら自然発生的に貨幣をつくり出してきた。商品貨幣や外国貨幣をあてることもあったし、硬貨や紙幣などの形をとることもあった。なかには、帳面取引のような記帳によるものもあった。

たとえば、日本の歴史においても、皇朝十二銭の後、江戸幕府による鋳貨発行までの約7世紀の間は国家的な鋳貨が途絶え、私鋳銭は珍しくない時代があった。渡来銭も、時の統治権力により発行されたものではないという意味において私鋳銭と考えられる。私鋳銭のなかでも質の良し悪しは関心事項として認識されており、悪銭と良銭の使用流通に関して撰銭令《えりぜにれい》が公式に発出されたりした。私鋳銭は偽造に該当するとも考えられ、取り締まりの対象になったこともある。

他方、私札といわれる紙幣も発行された。その典型が山田羽書である。伊勢の国の商人や御師が兌換紙幣を発行したものであり、江戸時代の初めから明治の初めまで存続したといわれる。これは全国的に通用するものではなく、地域や用途が限られる貨幣ではあったが、その範囲においては効率性と実効性を充足したと考えられる。私鋳銭や私札といった私的貨幣は、政府の貨幣発行権の独占を犯すものと考えれば「ニセガネ」と位置付けられることが多いが、政府の必要に応じて発行されるのではなく、市中の必要に応じて生まれるものでもあるから、結果的に政府もそれを事実上肯認することは少なくなかった。山田羽書もそうであった（注4）。

(4) 電子マネー等

私的貨幣として位置付けられるものでも、偽造・模造などに該当しないのであれば、新型貨幣の生成は政府が認容し、場合によっては推奨する経済行動にもなりうる。

今日においても、私的貨幣は様々な態様で存在しており、デジタル化の進行により、新型貨幣とでもいえるような、たとえば、電子マネー等、キャッシュレス手段が広く使われている。これらの多くは、既存の貨幣に結びついており、円という単位及び価値から乖離したものではなく、その多くは法貨につながる派生的な支払い手段と考えられる。

ただし、暗号資産（仮想通貨）といわれるもののなかには、単位と価値も法貨から独立するものもあって、派生にはとどまらない画期的（突然変異的）なもの（たとえばビットコイン）があることは留意される。さらには、いわゆる民間版のステーブルコインや中央銀行デジタル通貨（ＣＢＤＣ）も具体的に検討されている。貨幣のデジタル化（電子マネーやキャッシュレス決済などを含む）が、５条件のなかでも取引効率性と利便性、真正な権利者の公示性に優れるものを生み出したことがこれらの普及の要因である。

(5) 銀行貨幣（銀行券と銀行預金）

銀行貨幣は、現在の貨幣残高の大宗を占める。日本でもアメリカでも多くの国でもそうである。

銀行貨幣には主に銀行券と銀行預金があり、銀行には「銀行券を発券する銀行」と「発券しない銀行」があり、さらに「一般銀行」と「銀行の銀行としての中央銀行」がある。銀行貨幣の実態はこれらの組合せによる。

日本の例をみれば、初め民間銀行は貸出に伴う預金創出という形ではなく、その銀行券を貸し

図表4－1　紙幣流通高の推移

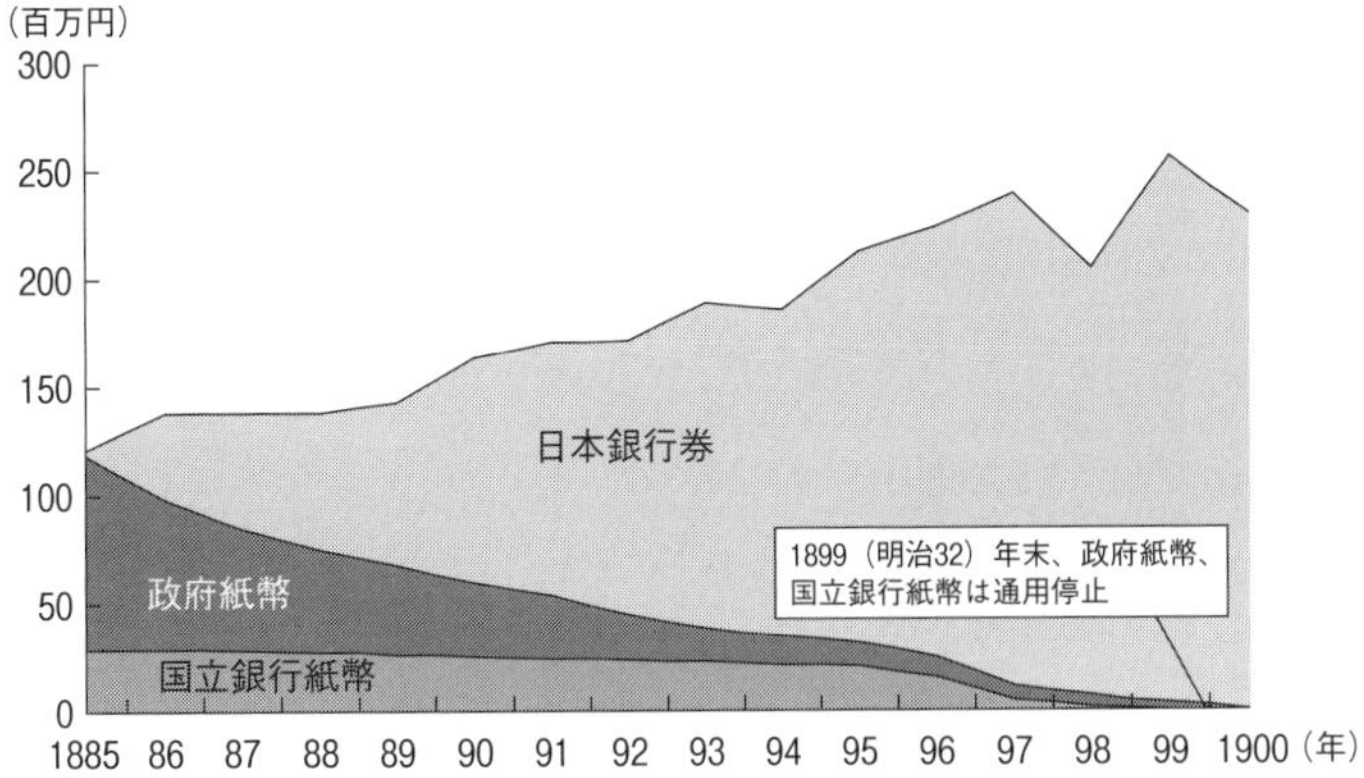

（出所）　日本銀行金融研究所貨幣博物館「常設展示図録」

出すことで貨幣を発行していた。明治の初め、為替会社がつくられ、その後、国立銀行制度がつくられて、銀行券が世の中に出回ることになった。銀行券は、当初は兌換銀行券とされたがうまくいかず、途中で政府紙幣への兌換券とされたが、最終的には、日本銀行の設立に伴い、国立銀行は営業年限終了とともに紙幣発行権限をもたない普通銀行に転換するか廃業することとされ、1899（明治32）年までに国立銀行紙幣はすべて回収されることとなった。

アメリカにおいては、連邦準備制度という中央銀行制度が構築されるまでは、いくつかの例外を除き、市中銀行（州法や連邦法に基づく）が銀行券を発行していた。明治の日本の国立銀行制度はアメリカの制度を取り入れたものである。

その後、日米両国共に、中央銀行と市中銀行の二層構造からなる欧州型の銀行制度となって、現在は、市中銀行が銀行券を発行することはなく、中央銀行のみが発券する。すなわち、中央銀行がベースマネーとして中央銀行券と中央銀行預金を供給し、市中銀行は信用貸出と預金受入れを同時に行い、預金の現金払出し請求にはそのベースマネーを頼りにするという構造になっている。

ア 銀行券

銀行券は、本来、貨幣の寄託契約に基づく持参人払出し証書であり、いつでも預入れした貨幣で償還するという契約がもとにあり、その意味で債務証書であった。その発行には、預り行為と償還行為を確実に履行するという社会的信用が求められる。英国では、金工が受け取った金と同等の金を渡すと約束した証文で17世紀の頃から用いられたというゴールドスミスノートがその初めとされ、それがイングランド銀行の銀行券につながったといわれる。

なお、兌換券であっても不安は残るものであるから、最も基本的な形としては、兌換券は、まずは信用のある銀行が自らの資産または預った資産としての金銀の量に等しい額まで発行され、市中で流通することが考えられる。さらに、利潤追求のために、銀行家は、金銀の引出し量は限られたものであることを想定して、その部分に対する準備を残して兌換券を発行しそれを貸出に回すことができるから、市中に流通する銀行券の量を、保有する金銀の量を超えた量とすることができる。その部分は、すでに信用貨幣化している。その場合、当初の「預り行為と償還行為」

の確実性と二次的な「預り金銀の量を超えた量」の銀行券の不安定性という二重のリスクが常に存在することになる。

このため、アメリカにおいて、かつて国法銀行の発行する銀行券は、連邦の通貨監督官の健全性などに関する監督のもとに置かれたうえで、法貨としての地位をもっていた。その後、国法銀行の貨幣供給がその保有国債の残高に事実上拘束されるなどの問題が生じたため、1913年に連邦準備制度が設立されて今日に至っている。

日本の場合も、アメリカの国法銀行制度を参考に、国立銀行発券制度（日本の国立銀行券も同様に強制通用力が付与されていた）を導入したが、政府紙幣も含めた全般的な紙幣整理が行われ、中央銀行たる日本銀行が設立されて、発券銀行を一本化するという現在の仕組みがつくられた。

これらの銀行券の場合は、銀行は借入需要があるときに銀行券を渡す形で貸出を行うことで貨幣を発行し、各銀行がpromise to pay（支払うことを約束）するという前提であった。銀行券はそれ自体として交換売買に用いられ転々流通したが、その信用は各銀行の資産に裏付けられた兌換約束であった。当然のことながら、銀行ごとにその信用力に差があると、額面は同じであっても、それぞれの銀行券の間には価格差が生じてしまう。特に、アメリカにおいては、国法銀行制度が整う以前には州法によるフリーバンキングの時代があり、実際、様々な銀行券が混在していた（注5）（日本の国立銀行時代もそうであった）。

発券銀行の一本化（中央銀行以外の発券の停止）は、貨幣の供給体制にとって実に重要な意味をもつものである。商業銀行が発券機能をもたなくなると、商業銀行は、預金の払出し請求に対して、単に法貨たる中央銀行券による払出しに応ずれば済むことになる。各商業銀行は、中央銀行に資産を売却したり手形などの再割引による借入をしたりすることで、中央銀行券を入手して対応できることになる。経済全体としての対応として、中央銀行が、中央銀行預金の払戻し請求への制度対応を構築しておけば、銀行券は循環するということになる。

イ　銀行預金

貨幣の話をすると、まずは紙幣や硬貨を念頭に議論されることが多いが、実は世の中の貨幣量のうちの大部分がこの銀行預金であり、銀行預金を除外して貨幣を語ることはできない。ただ、銀行預金は銀行に預けているということだけで貨幣たりえているのではなくて、預金が貨幣となるには、銀行口座への記帳という形の貸付と口座振替が一般化するという過程があった。

たとえば、14世紀のブリュージュでは、相互の帳簿振替が行われていた。商人たちは両替商に預金口座を設けて、支払いの帳簿振替をしており、現金取引よりも帳簿振替の方が多かったという。当事者たちが両替商に赴いての口頭によるものであったといい、それには両替商たちの団体的規制があった。さらに、西欧中世の両替商たちにより発達しアムステルダム銀行などによって継続された銀行機構は、銀行券流通よりも、預金振替に基づいて発展したとされている（注6）。

すなわち、銀行機構は預貸金というよりも決済機能に着目して発展した側面があるということになり、預金が貨幣でありうるのはこの線上にある。

現代の預金については、次のことがいえる。

・人々が銀行に金銭を預けること（消費寄託）であり、しかも多くの人々が信頼できる銀行に預金口座を開設できるようになった（特に、現在では預金保険制度に裏付けられて償還確実性（元本保証）が担保される）。
・銀行組織のネットワークを通じる受送金が可能で、人々がそれを取引決済に利用できる。
・銀行にとっては、預貸業務を通ずる信用創造による信用供与の結果として預金口座に記帳される債務である。
・銀行は預金保護、信用と健全性を確保するため、厳しい監督規制のもとに置かれている。

これらから現在の日本における銀行預金は先の5条件を満たすものと考えられ、銀行預金は金銭とほぼ同様に貨幣の機能を果たしていると評価される。銀行預金は、単なる金庫での保管や金銭貸借という意味にとどまるのではない。

ウ　中央銀行貨幣と普通銀行貨幣

現在、多くの国の貨幣制度はその中心に中央銀行を据え、中央銀行が基本的な貨幣としての中央銀行券と中央銀行預金を発行している。政府や他の発行体ではなく、銀行による貨幣発行とす

図表4－2　「現金／マネーサプライ」の比率推移

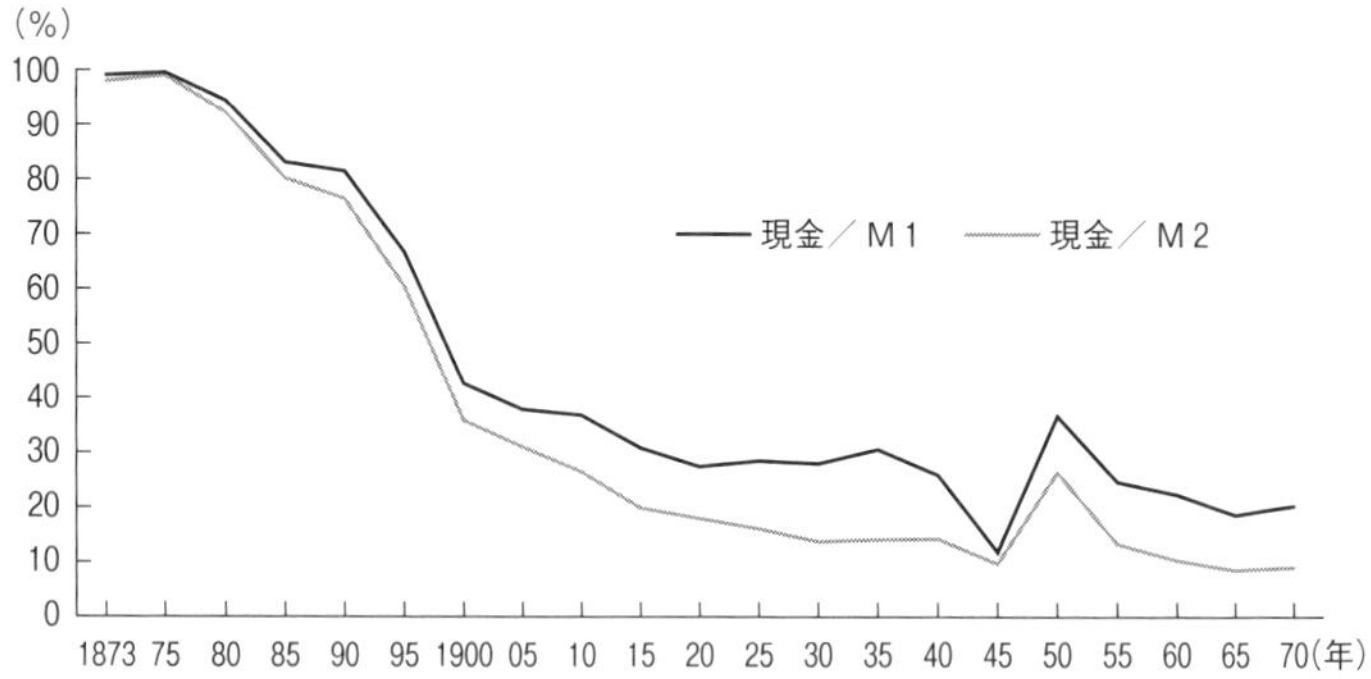

（注）　M1：現金通貨＋全銀グループ（要求払預金）＋相互グループ（要求払預金）
M2：M1＋全銀グループ（定期預金）＋相互グループ（定期預金）
※2021年12月の現金／M1（現金通貨＋預金通貨）は11.4%、現金／M2（現金通貨＋預金通貨＋準通貨＋CD）は9.7%である。
（出所）　朝倉孝吉ほか「日本経済の貨幣的分析　1868-1970」（創文社）の通貨統計時系列をもとに筆者作成

る理由については後に触れる。中央銀行券と中央銀行預金は形態は異なるが世の中の貨幣の源泉（ベースマネー）となっており、市中銀行の中央銀行への預金は中央銀行券でいつでも引き出せるものであり、同様に市中銀行への預金はこの中央銀行券で払い戻せることになっている。現在の「貨幣の窮極」を考えるときには、このベースマネーの窮極を考えることになる。

普通銀行は預かった預金の払出しとして日本銀行貨幣が必要となるから、手元の払出し準備が不足する場合には、日本銀行から貸付や証券売買などにより資金の供給を受けて（中央銀行預金となる）これを預金準備として保有し、預金者の払出し要求に対応することになる。これを逆にいうと、日本銀行が普通銀行へ資金を供給し、普通銀行はそれを受けて準備率の逆数に対応する額まで貸出が可能で、それに対応する預金は銀行貨幣として市中に供給したことになる。これが、「貨幣供給の二層構造（中央銀行貨幣と商業銀行貨幣）」による銀行貨幣であり、今日の日本の貨幣の流通と残高の最重要な仕組みとなっている。それは単に貨幣の発行だけではなく、決済機構を提供している。

アメリカと日本では若干の違いはあるものの、大枠としては、政府や中央銀行の信用をもととする中央銀行貨幣と私的貨幣（市中銀行貨幣など）を並存させることで、5条件を満たすような貨幣を供給するための基本的な工夫、仕組みとしている。貨幣制度に何らかの変更を検討するときには、仮にその変更が「貨幣供給の二層構造」に影響するならば、銀行の既得権益が保護されることの云々というレベルではなく、「貨幣供給の二層構造」が日本経済において果たしている「基本的な貨幣供給制度」の役割と効用を上回る効果が期待できる代替的制度となるかどうかという点が最重要であり、この点は十分に配慮されてしかるべきものであろう。

(6) 発行体についての考え方

貨幣の価値は、市中取引において実現されうるものでなくてはならない。また、観点としては、貨幣は当該取引の当事者だけで完結するものではなく、その後も第三者にも受容されることが肝心であり、発行体は、社会一般において十分に信頼され、また発行された貨幣は社会で通用していくと確信される必要があることから、発行体（または認証する主体）は極めて重要な要素であることはすでに述べたとおりである。

ア　日本における発行体

日本では、幕藩体制のもとにおいては幕府が貨幣発行権を留保し、各藩の藩札発行も統制下に置いていた。明治維新により施政権が移行したことにより、「国財《こくざい》の儀《ぎ》は元来政権《がんらいせいけん》へ付属《ふぞく》」するとして、貨幣大権も新政府が継承し、貨幣の発行は幕府から新政府に移ることとなった。初めは旧来の貨幣の使用を認め、自らも製造した。さらに、財政資金調達のためではあったが、「富国の基礎」のために「一時の権法《けんぽう》を以《も》って」金札（太政官符。「両」建てであった）を1868（明治元）年4月から製造し発行したが、その後「新貨条例」等を制定し、新しく「円」を貨幣単位とする幣制へと移行した。

この間、廃藩置県に代表される中央集権の動きに伴い、旧藩札の債務を新政府が引き継ぎ、新政府の政府紙幣との引換えや全体的な紙幣整理が行われ、日本の幣制の合理化が進められた。その後、政府により発券銀行として日本銀行が設立され、現在に至っている。これにより政府貨幣（鋳貨）と日銀券を両軸とする幣制の基礎が構築された。

現在の日本では、広義の中央政府のみに法貨の発行権があり、地方政府には認められていない。都道府県紙幣の発行はなされないが、地方政府には地方債の発行や借入は認められている。銀行はマネーストックの大宗を占める預金通貨を発行するが、それも円という法貨建てで法貨への払戻しが前提とされており、銀行設立には免許が必要（許可ではない）であることからも、現在の日本の貨幣の確実性・実効性の原点には政府と銀行の相互的協働があるといえよう。ただし、「国財の儀は元来政権へ付属」するという貨幣高権を疑問なしとするか否かは別の問題であり、ウで取り扱いたい。

イ　アメリカにおける発行体

アメリカにおいては、貨幣発行権をめぐり、独立以前は英国本国との激しい争いがあり、独立直後は連邦政府と州政府との間に争いが生じた。当初は（諸邦連合時代（注7））、各州にも貨幣発行権が認められていたが、その後、ドルを貨幣の単位とすることとし、合衆国憲法が成立したときには貨幣発行権（鋳貨）は連邦政府に独占させる旨が明文化され、州の貨幣発行権は否定された。

なお、合衆国憲法で州の貨幣発行権が認められなくなったことは、各州はそれまでの州政府紙幣の発行による財源調達の途《みち》が閉ざされたことを意味し、これに対応するためにも、各州における銀行設立が進み、このことが州法銀行による州の債務引受けと銀行券発行にもつながっていった。

連邦政府の紙幣発行権について明文の規定はないが、連邦議会において認められている（連邦最高裁で論争されたこともあったが、結局これを可とする判決が下された経緯がある）。なお、南北戦争時には南軍側も政府紙幣を発行したが、敗戦の結果、無価値となったことがあり、発行権をめぐる極端な例をみせた。

ウ　貨幣発行体の制限は必要か

ここで、貨幣発行体が制限される必要はあるのかについて考えてみたい。この問題は、2つの側面をもつ。1つ目は、「交換を4次元で機能させるための5条件」をいかにして整えるのか、それには公的な規制が必要なのかである。2つ目は、統治権力として貨幣を機能させること以外の観点からの規制を行うかである。

すでにみたように、統治権力と貨幣の関係は歴史的にも争われてきた。単純にいえば、一国の対内的な主権はあらゆるところに及ぶから、貨幣発行を制限することは可能であり、多くの国では実際に制限している。交換を4次元で機能させるための5条件を満たすならば貨幣として存在することはできる。その5条件の整備は公共財として位置付けられうることに加え、貨幣が財政に関係しうることに着目して、統治権力側は貨幣発行に関する規制を行うこともできる。

その場合には、発行体の制限と、貨幣そのものの法規制がある。貨幣発行を財政収入として、発行差益、発行利子収入、認証料といったシニョレジを得るため、統治権力はこれを独占しようとするが、いつも独占するわけではない。次に、公租の賦課徴収という点においては、その単位と種類を定め、また統一・統治のシンボルとして、自ら発行せずとも、統治側が納税の手段としての国幣、法貨を指定することになるのが通例である。さらに現在では、経済安定政策の手段として貨幣金融政策を統治権力が行っている。

他方、それは「貨幣は本質的に権力が定めなくてはならない」ということを示しているわけでもない。明治新政府は、「金銀取引並びに為替取組等の儀は……今より別《わけ》て懸念なく是《これ》まで通り致すべし」とした。アメリカでは、憲法事項として規定したことは事実であるが、それらの法制がなくとも貨幣はそれ以前から存在し人々に利用されてきている。すでに述べたように、日本においても10～11世紀にかけての無貨幣時代やその後の渡来銭時代を経験しており、明治新政府のお達しはあくまでも確認的な意味合いをもつに過ぎなかった。アメリカにおいては貨幣法成立後も、スペインドル銀貨は通用した。スペインドル銀貨は当時の国際的な基軸貨幣であり、その他、マリアテレジア銀貨（注8）の例もある。貨幣は必要があれば自生的に発生するものであるから、統治権力が貨幣を発行することは当然の前提要件とはならない。

また、国際的な取引の場合は、対等な当事者間の決済であり、その決済貨幣に関しては、一国の統治権力が制定した貨幣であるからといって当然に使われるわけではなく、当事者間で価値を認めあう貨幣であって初めて用いられる。金銀は多くの国・地域で価値あるものとされ、当事者の決済だけではなく第三者との取引も可能にするものであったため、国際取引の決済で用いられることが多かった。自然にでき上がった秩序としかいえないであろう。

いずれにしても、経済社会には秩序が必要であり、その秩序の形成と維持に統治権力が責任をもつとしても、防衛・公安・治水・司法などを除き「どのような分野にどの程度関与するのか、あるいはすべきか」は一意的に決まるものではなかろうから、貨幣についても同様であろう。理論的には貨幣の自由発行論もあるが、完全な自由に任せた場合にはある程度の定常状態に至るまでに必ず混乱が生じるため、今日的には、これを避けるために公的規制が求められることになるとも考えられる。たとえば、アメリカにおけるフリーバンキング時代の銀行券発行にも、規制は行われていたのである。

3 社会性と発行・管理運営

貨幣が期待される機能を果たすために必要な条件を充足するための制度や工夫をいくつかみてきたが、それを理解するには、貨幣の社会性、発行・管理運営に関する検討が必要であろう。

もちろん、経済社会において貨幣を実際に使って活動する人々の必要に対応していることが基本であり、それに沿わない貨幣を一方的に強制しても定着はしない。たとえば、皇朝十二銭はいつのまにか使われなくなり、絹や紙などの商品貨幣を実際には使用するように戻ったという歴史が日本にあることはすでに書いたとおりである。当該社会の人々の現実的な需要をないがしろにした制度化は戒められるべきことである。逆にいえば、需要の変化に確実に対応していかないと、その時代の貨幣としての期待に沿わないことになりかねないことをまず確認しておきたい。

(1) 貨幣は社会的存在である

ア 明示的・暗黙的な合意

貨幣が世の中にあるということは、意図的でなく自生する場合を含めて、貨幣が供給された結果である。貨幣は取引当事者にとどまらず、時間と空間を超えて機能すべき社会的な存在であるから、人々が経済生活において、共通に媒介手段として認識し、使用するという現実が必要である（それが事実上（de facto）であろうと、規範的（de jure）であろうと）。そのために、人々は様々な物的、技術的そして制度的な発明・工夫をなしてきた。

純粋な商品貨幣を別にして、何を貨幣としてそれを誰がどのように供給し、その貨幣使用の管理運営は誰が担うのかを考えれば、社会的な合意が存在しなければ機能しないことは明らかである。もちろんその前提として、取引相手に対する信頼とは別に、当該社会に対する一定の信頼が存在しなければならない。

ただ、貨幣は、一般的な交換手段としての能力があるとされるものなので、その供給者になることは極めて大きな利益がある。この権益をめぐって歴史的にも争いが続いてきた。それは現在でもそうである。財政収入にかかる貨幣問題は1つの典型である。貨幣はそのような公的な場面だけではなくて、企業、商人や個人の私的関係においても使われるから、公的な規範の分野で通用するだけでは当然に足りない。

イ 「社会」によって貨幣のあり方も違う

時代とともに社会が変化すれば、人々の「貨幣のあり方」に対する要求も変化することは当然である（貨幣自体が社会に影響を及ぼしてきたこともあろうが）。先にみたように、これまでも多くの種類の貨幣が変遷しながら使われてきたが、それも貨幣が使われた社会との関係で考える必要がある。

北米にしても、欧州人の入植以前の冒険時代から入植直後において、取引が行われる社会としては、先住民と入植者との関係、当該入植地における入植者間の関係、当該入植地と他の入植地との関係、入植地と本国をはじめとする欧州との関係などを、時間の経過とともに想起する必要があろう（もちろん、入植地においては本国貨幣がもとから不足していたという事情は考えておく必要があるが）。

入植直後の北米の社会（ここではマサチューセッツ植民地）をみると、アメリカ国勢調査局の推計によると、入植者は1620年頃には100人程度、1630年頃には2000人程度、1640年頃には1万5000人程度、1690年頃には6万人程度という極めて小さい社会であり、それらの人々が先住民との交易、本国などとの交易を行っていた。このような社会と現在はまったく異なる社会であり、そこでの貨幣も当然に違っている。

入植者と先住民との間での取引は当然にバーターではじまり、当初は圧倒的に先住民が優位な立場にあったから、交換手段についても先住民側が価値あるものとしていたワンパムなどが入植者たちによっても使われた。当初の狭い範囲での入植者の社会では生活必需品こそ価値があり重要で、金属貨幣はバーターにおいてはさほどの価値と需要はなかったであろう。

狭い範囲で生活する入植者たちは、そもそも十分な金属貨幣をもっていなかったが、お互いに顔見知りであったろうから、貨幣を用いなくとも共助、互助、互酬的な関係で取引ができた。生存するための商品こそが価値あるもので、それが事実上の貨幣となった。それゆえ、先住民からの調達が必要な状態が続く間、入植者間の取引においてもワンパムは貨幣という地位にあり続けた。

顔見知りの社会の貨幣の例として、アイルランドのパブでは銀行が閉鎖されたときに貨幣ではなく小切手だけで支払いが行われたという話がある（注9）。これは、後々銀行が再開されるこ

図表4－3　取引相手への信頼の程度に応じた取引形態

とを皆がわかっており、かつ当事者が顔見知りで信頼できる範囲における類の話であるが、その社会においては（現金化されない）小切手が貨幣となったと考えることができる。帳面取引にも似ている。

以上を簡単にまとめると、図表4－3で示すような関係と考えられる。

貨幣については、その本質に関して貨幣商品説、貨幣法定説、自己循環論説など実に様々な議論がなされてきているが、様々な社会において様々な手段が使用されているという一事を色々な角度で捉えているのであり、それぞれ的を射ているところがある。ただ、すべてを例外なく一般的に説明できないだけのことであり、例外なく説明できると前提することが問われるべきなのかもしれない。社会において通用するというのは、それなりにその社会のルールに沿っていることも事実である。

ウ　社会の合意（規範的存在としての貨幣）

その淵源はさておくこととして、少なくとも、現在の世界の国々における基本的な貨幣制度は法的な枠組みとして設けられている（もちろん、その法的な枠組みに入らない貨幣も使われないわけではない)。他方、貨幣は、法定せずとも存在し機能しうると指摘することもできよう。法定通貨が機能していない国も確かに存在するし、そこでは外国貨幣が事実上主要な貨幣として使われており、法で法貨を定めるよりも現実の実行が重要であるという意見も説得的である場合がある。ただし、法的な枠組みが構築されることは、大革命のような統治システムが根本から変革される場合はともかく、少々の混乱が生じる事態においても、予見可能性のもと安定的に社会の交換機能を維持できるという意味で重要なことである。

ここで思い出すべきは、法的という言葉の意味である。法には厳格な意味の実定法から慣習法、緩やかなソフトロー、さらには自然法という考え方もあり、規範という大枠で捉えれば、色々な事態における貨幣の状況を理解しやすいであろう。「社会あるところに法あり」であって、少なくとも、人々がお互いに貨幣を使うための「意思表示を尊重し、契約は守るべし」という基本法は存在しなければならない。国際社会においても、国家が相互に国として認識しあって適用する「国際法」という規範は存在し、完全ではないがそれなりに機能している。法は、遵守されることによって法となるから、事実があって規範となり、規範があって実行されるという同時性が重要であり、貨幣についても同様である。

貨幣に関する法的問題には、貨幣そのものを法が形成的につくったのか否か、発行体制や組織、貨幣の通用力や機能、貨幣の確実性や機能性のための法的な保障体制（偽造への対応）など、いくつかの側面があるが、ここでは「法貨性」と「券面の記載」について触れてみたい。

《「法貨」の意味》

日銀法には日銀券は「法貨として無制限に通用する」と規定され、貨幣法にも「貨幣は……法貨として通用する」と規定されている。そして法貨は、一般的に強制通用力があるものとされるが、その意味するところは簡単ではない。

強制通用力とは、「金銭債権の債務者が当該効力を有する媒体を用いて弁済をした場合に、債権者がその弁済の受領を拒むことができず、当然にその弁済が有効となるとの効力」をいうとされてはいる（注10）。しかし、弁済に貨幣を使わなければならないという義務があるわけでもない。もちろん、使用の場面によっては、たとえば、納税や賃金支払いなど、「法貨」による支払いが明文で規定されている場合もあるが、当事者の合意により法貨以外の支払い手段を用いることは可能である。なお、かつては義務的規定が用意されたこともあった。これはアメリカにおいても同様に理解されている。

では、この「法貨」規定に意味はないのかというと、それはまったくの別問題で、特段の合意がない限り法貨で支払うことが義務であるという意味であり、一定の取引安定性と効率性をもたらしていることが重要である。なお、これらは、「法貨」の強制通用力が立法によって形成的に確立されたものではなくて、社会の共通理解として法貨が使用されるということを確認的に規定しているのかもしれない。

《券面の記載内容》

券面には、当該紙幣の根拠法の内容と関係することが多いが、その性格を示す典型的な言葉が記載されることが多く、基本的に民事法的な債権債務関係を端的に示していることが多い。

たとえば、アメリカのＦＲＢ券には "This note is legal tender for all debts, public and private"（この紙幣は公的私的を問わずすべての債務に対して法的支払いにあてられる）、英国のイングランド銀行券は "I promise to pay the bearer on demand the sum of ..... pounds"（持参人の要求に対して……ポンドの額を支払うことを約束する）とある。

ここには、２種類の意味がある。１つ目は、その（貨幣）銀行券が法貨である、２つ目は発行体がpromise to pay（支払うことを約束）するという民事法的な意味である。

日本の場合には、明治に遡ると色々な記載（前掲写真８・９）がみられるが（いずれの国でも遡れば記載内容は諸々である）、現在の日銀券にはそのような記載はない。

(2) 「量」についての考え方

ア 基本的な考え方

貨幣の量はどのように決まってくるのかという問題は実に難しく、歴史的にも今日的にも大きな論争がある。貨幣(通貨)主義と銀行主義、外生的貨幣論と内生的貨幣論などあるが、歴史的な事実として、少なくとも経済全体の取引量が増えるときには貨幣需要も供給も増える。経済全体の取引量も、中長期的な動きと、経年的な動きと、季節的な動きがあって、硬直的なシステムではこれに対応することは難しいであろう。このため、日本でもアメリカでも「屈伸性」と「伸縮性(elasticity)」の対応が必要と認識され、そのための工夫がなされてきた。

日本の例をみてみよう(注11)。

まず、明治財政史によれば、「兌換紙幣発行は、政府が自ら管掌すべきとの意見があるが、つまるところ、それは民間経済の範囲のことであって国家の政務ではない」と考えられた。その基本には紙幣にはその全国流通高をしてその適度をもたせることが重要で、その量は「自生の性」が必要と考えられたようである。

さらに、松方正義は、「紙幣整理」において、「紙幣を統一し全国画一のものとし、その時々の経済状況に応じて屈伸自由なものとすることが眼目である」旨を述べている。このように、政府の都合による発行ではなくて、市場の需要に応じた紙幣の流通を確保するために、政府紙幣ではなく銀行券とすべきとなった。この結果、兌換銀行条例と日本銀行制度が設けられ、それまでの硬直的な国立銀行発券制度が改められた。ただ、兌換銀行券の発行可能量そのものは、基本的には本位金属の量に依存するから必ずしも伸縮性があるわけではないが、銀行預金の増加と決済手段化及び準備率の事実上の低下により、従前以上の弾力性をもてることになった。

次に、アメリカをみてみると、アメリカＦＲＢ制度の設立に関する１９１３年のアメリカ議会の報告（注12）でも、経済の需給に応じて銀行券の伸縮的（elastic）な発行がなされる必要があると記述されている。

このように、国債を裏付けとする国法銀行券を退場させ、Bankers bank（ＦＲＢ）を設立して、準備制度を整えてかつ銀行に対する再割引を行うことによってelasticity（伸縮性）を確保しようとした。

これが現行制度導入の初めの頃の経緯であるが、それ以前にもまた以降にも色々な工夫や対応がなされてきている。以下でみておこう。

イ　不足する場合

《北米の植民地時代》

すでにみたように、植民地時代のアメリカは、英国本国の政策もあり、入植後は基本的に貨幣不足の状態にあった。経済が拡大するときに人々が求める貨幣が不足すればそれに代わるものが生成するのが歴史の常である。前にも触れたタバコなどの商品貨幣や植民地紙幣、コインである。実際、入植者たちが設置したマサチューセッツ造幣所を本国が閉鎖させたり、植民地側もコインの持出しを制限したり、逆に多くの資金を必要とする戦争の戦費調達のために本国が植民地紙幣を認めたり、また本国が植民地紙幣の発行を禁止したりなど、混乱の経過をたどった。当時の英国はオランダやスペインなどと比べても未だ産業・軍事共に強国には至っておらず、本国においても貨幣は不足していたようである。

植民地の独立にあたってはContinentalという政府紙幣が発行されたが、独立後も英国本国貨幣、スペインなどの外国貨幣、商品貨幣、政府紙幣など様々な貨幣が流通した。なお、独立革命時に多くの政府紙幣を発行したこともあって、独立後しばらくは政府紙幣の発行は行われなかった。

また、南北戦争時には戦費調達のために政府紙幣（United States Note）が不換の法貨として発行された。多量に発行された不換紙幣であったために実質価値は下落し戦後その回収努力が行われた。だが、その後の経済不調もあり、信用収縮が起きたときに、逆に政府紙幣の回収を制限し、政府紙幣を一定額以上市中の流通に置くべしという立法がなされたこともある。

《日本の高度成長期》

日本においても、戦費調達などのために直接的・間接的な貨幣の増発は、何度も経験したことがある。さらに戦後の高度成長期には、資金需要の強まりに対してオーバーローンといわれた状況のなかで、日本銀行が資金を供給した。

もちろん、銀行貨幣であっても、仕組みによっては硬直的となり、たとえば、かつてのアメリカの国法銀行や日本国立銀行のように、国債を保有資産として銀行貨幣を発行する場合、その発行限度は硬直的なものとなるが、その経験を踏まえてベースマネーを中央銀行が供給し、民間銀行がそれをもとに預金マネーを創造するという貨幣供給の二重構造化を構築することによって必要な貨幣を市中に柔軟に供給できるような仕組みがとられるようになる。

ウ　多過ぎる場合

インフレは、総需要が総供給能力を上回る状況で、実体経済の取引量の伸びを貨幣供給量の伸びが大きく上回り過剰となるときに生じる。

貨幣量の過剰に対しては、紙幣整理などのような制度的なものと財政金融政策による運用的な対応などがある。過剰の原因としては、既存制度に問題がある場合や貨幣需給状況の認識や運用の失敗、資産市場を含んだ実体経済の混乱、さらに制度的な改悪などが挙げられ、またそれらは同時に生じることが多いので、それらを明確に分離して説明することは難しい。

これまでの歴史では、貨幣の過剰な発行・流通は財政上の資金調達の要請に起因することが多く、貨幣面の対応だけでは不十分であり、財政的な対応と生産能力の状況を勘案せざるを得ないことが多かった。多くの国で経験したインフレ対応としての施策をみることが参考になると思われるが、ここで2つの例をみたい。

1つ目は、日本の明治前半のいわゆる「紙幣整理」が挙げられる。これは、西南戦争後のインフレの状況のなか、政府紙幣を廃止し紙幣は中央銀行券に一本化するという貨幣発行制度（幣制）そのものの改正である。いわゆる松方財政という緊縮財政による財政立直しと金本位制度と中央銀行制度と兌換銀行券制度を確立することにより、政府紙幣の回収を行って紙幣を整理しインフレを収め、貨幣量を市中の需要に応ずるようにしたものである。

2つ目は、第一次世界大戦後のドイツで生じたハイパーインフレ対策である「レンテンマルクの奇跡」といわれるものである。第二次世界大戦後の日本もインフレが昂進したものの総供給能力が回復するにつれて安定したが、第一次世界大戦後のドイツの例は日本とは比較にならない極めて激しいインフレとして有名である。

戦費調達及び戦後の財政資金調達のための公債を中央銀行が引き受けるという発券財政に頼って著しく貨幣量が増加したこと、支払い不可能といわれた極めて多額の賠償金支払い義務、重要な工業地帯が接収されたことによる生産力低下などが原因でハイパーインフレが発生していた。

この事態に対して、中央銀行（ライヒスバンク）とは別の発券銀行としてレンテンバンクを設立して、1レンテンマルク＝1兆旧マルクという新券を発行するなどの措置をとり、インフレを収束させた。それが「レンテンマルクの奇跡」と呼ばれている。

これに関し、日本銀行の調査（日本銀行調査局「レンテンマルクの奇蹟」）では、以下のような要因を挙げて分析している。

・従来からの旧マルクを法貨として残しつつも、一種の緊急通貨として「新通貨」のレンテンマルクを発行したこと

・レンテンマルクの発行の基礎を土地債務としたことで確実な準備があると認識されたこと（内実は毎年のレント支払いだけであって擬制であったともいえるが、土地債務であることが心理的要因として効いた）

・発行高を土地債務の総額を上限として制限したこと（それまで政府と中央銀行は通貨増発を必要悪として肯認してきたが、レンテンマルク発行後には直ちに政府からの貸出要請を断固拒否し、レンテンマルクは政府貸出に制限があると理解された）

・レンテンマルク建て貸付にあたっては金計算を用いることによりインフレ利得の期待を消したこと

・レンテンマルク発行と同時に厳重な為替管理を実施し、海外への持出しを禁止し、海外での投

機取引をできなくしたこと
・中央銀行による大蔵省証券割引を停止・禁止し、その償還はレンテンマルクによるべしとしたこと（レンテンバンクは、政府貸付をレンテンマルク発行高の半分までの限度としたこと）
・市中で多くみられた法貨以外の緊急通貨を回収したこと　など

さらにこの調査では、基本的な問題はやはり「財政収支の不均衡」と「賠償問題」であり、この安定は「不安定な均衡」であったとして、レンテンマルク発行後1年近く経ってこの「奇跡」も崩壊しかけたとも述べている。結局は、その後、国内金融の引締めの実効が上がり、かつまた賠償問題が大幅に軽減されていったことにより一応決着し、新しい法貨として、新ライヒスマルク（1ライヒスマルク＝1レンテンマルク）を金本位制のもとで発行することにつながっていった。

このように、通貨発行・流通の過剰に対しては、通貨制度そのものの改善は必要であるとしても、国内的には財政の安定、発券財政への禁欲的態度、対外的には極度な不均衡の回避という基本的な対応が必要であることがわかる。「奇跡」には理由があるのだといえよう。

(3) 単位・名称・種類などの統一・単一化

今では、ほとんどの国で貨幣は統一されている。貨幣の機能の核心は交換にあるから、先に述べたように貨幣の取扱いには交換を円滑にするための効率性等が求められるからである。

そこで、取引にあたっては、随時に任意の使用貨幣を当事者間で決めることなく、当然に共通使用すべき貨幣を決めておくことになる。法律規範で必ず決める必要はないが、多くは、貨幣の単位・名称と貨幣とすべきもの（種類）を法定する（法貨とする）ことになる。創造的に法定することもあるが、すでに事実上存在し使用されているものを法貨とすることもある。さらに、法貨それ自体が複数種類であることもある。

なお、近年の日本においては、多種類のキャッシュレス手段が発行されてその競争が激しい。利用者の混乱の一因となっていることを想起すれば、貨幣の統一・単一化が効率性の面で求められてきたことが理解しやすいように思える。

日本においては、1871（明治4）年の新貨条例で、円を貨幣の単位とし、かつ貨幣の種類をまとめて統一することを宣明した。しかし、その後も、政府紙幣、国立銀行券なども加えて市中には多くの種類の貨幣が並存し、特に紙幣の間では打歩も生じて混乱したので、紙幣整理の必要が強く意識され、日本銀行を設立して紙幣は日銀券へと収束することとなった。

他方、アメリカにおいては、ことは少し複雑である。アメリカは1776年の独立以前に長い植民地時代があり、独立後も1787年の合衆国憲法制定までの諸邦連合（Confederation）時代、その後の合衆国へ、さらに南北戦争を経て幣制（銀行制度を含む）制定権が変遷し、1913年にFRBの設立、連邦準備券が発行され、さらに1971年に政府紙幣の発行が停止されるまでの間、実際に使われた貨幣には様々なものがあった。そのなかには、（以下の憲法8条5項にもみられるように）法貨とされる外国貨幣も含まれた。

たとえば、鋳貨と政府紙幣については、諸邦連合時代には連邦政府ではなくて各邦（州）に発行権が留保されていたが、合衆国憲法制定に伴い鋳造権と紙幣発行権は連邦政府に集中された。

アメリカの憲法では、8条［連邦議会の立法権限］において、「貨幣を鋳造し、その価格及び外国貨幣の価格を規制する権限、ならびに度量衡の基準を定める権限」（5項）が挙げられている。また、10条［州権限の制限］において、「州は、条約を締結し……、貨幣を鋳造し、信用証券を発行し、金貨及び銀貨以外のものを債務弁済の法定手段とし、……してはならない」（1項）とされている。これらを合わせて、政府紙幣に関しても連邦政府のみが発行を認められている（この点は、1862年の政府紙幣発行法（legal tender act）制定時の議会において議論され、連邦政府に紙幣発行権があることが明らかにされた）。

銀行券については、銀行の設立規制権が州にも認められていたので、州法に基づく銀行が銀行券を発行することができた（フリーバンキングのなかで、「山猫銀行」は州法銀行であった）。

これに加えて、第一及び第二合衆国銀行やその後の国法銀行により銀行券が発行されたが、全国銘柄としての恒常的な銀行券はFRB設立を待つしかなかった（国法銀行制度が設けられた後には、国法銀行券は国立印刷局で印刷されて図柄様式が統一され、かつ法貨性が与えられた。他方、州法銀行券の方は発行に課税するなどの抑制措置がとられ、急速に発行残高は減少した)。

(4) 管理運営

発行した貨幣の管理運営は、発行体の問題とも関連するが、実は現実的な問題としては極めて重要である。日常生活において気付かれることは案外少なく、思い及ばないところではあろう。我々が当然のごとく使っている日銀券や硬貨の制度としての運営費や製造費は誰がどのように負担しているのか。

先に述べたように、日銀券は国立印刷局が、硬貨は造幣局が製造し、それを日本銀行や政府が買い取って発行する。その費用は、一見すると政府や日本銀行が負担するかにみえるが、貨幣発行体にはそれなりの利益が発生し、それで賄っているのである。

日銀券は、日本銀行への当座預金勘定をもつ金融機関からの払出し要請を受けて発行されるが、当座預金に記帳するときに何らかの資産を見合いに受け取っているので、その資産に生じる利子や配当が日本銀行の収入になる。それがいわゆるシニョレジである。それらの収入から、貨幣発行のための製造費、貨幣支払いの決済機構の提供、貨幣システムの安定のための諸業務、最後の貸手という機能などの日本銀行に期待されるあらゆる任務を遂行するための費用を賄って、その残りは日本銀行納付金として国庫に入ることになっている。

なお、このようなシニョレジは中央銀行だけではなくて、貸出に伴う預金（信用）創造を行う金融機関には共通して生じるものであり、預金を取り扱う民間銀行も当然に得ている（民間銀行は預金利子と貸出利子との利鞘で稼ぐと思われており、普通それを銀行の利子収入とはいってはいるが、実は貨幣発行体に共通する形を変えたシニョレジである）。

なお、政府発行の硬貨については、貨幣回収準備資金が整備されており、貨幣の引換えまたは回収にあてるほか、貨幣の製造及び鋳《い》つぶし、地金の保管その他貨幣に対する信頼の維持に要する経費の財源があてられている。

日銀券や硬貨は市中に払い出されると発行体に還流するまではその移転・流通や管理にかかる費用は市中の経済主体の負担となり、いわば分散型の管理運営といえよう。市中においては、運搬、金庫・財布、現金収受の機器（たとえばレジ機器）、ＡＴＭや自動販売機など、その管理運営にかかる費用は相当の規模になるものと見込まれる。現金決済インフラを維持するために、年間約１兆円を超える直接コストが発生しているとの指摘もある（注13）。

また、貨幣の大宗を占める銀行預金は常に銀行の帳簿上に存在するから、移転・流通・管理にかかる費用は銀行の業務運営経費（もちろん、利用手数料や利子収入がその原資である）となっており、いわば銀行部門の集中型の管理運営となっている。

もちろん、これらの現金や預金貨幣の管理運営にかかる費用は、情報化の進展でかつての硬貨や商品貨幣だけの時代に比べて低減したと考えられるものの、直接的な費用、時間的な費用などの低減がさらに要請され、かつ可能になってきている。その1つの対応として、新しい形態のデジタルマネーやキャッシュレス決済を提供するサービスがはじまり急速に広まってきたが、それらにかかる費用がどのように賄われているかは必ずしも明らかではない。おそらくサービス利用料の徴収や利用者の取引などの情報を発行側が利用する（場合によっては他者への提供?）ことで元をとろうとしているのであろうが、必ずしも公表されておらず、実は気になるところである。貨幣の現実的な供給と運営にかかる費用についての議論はさらに深められてよい問題である。

（注1）　古川顕「ジンメルの貨幣論」による。
（注2）　日銀券の発行についても、歴史的には、保証準備屈伸制限制度（銀行券発行高と同額の金銀貨及び地金銀を準備として保有する必要があるが、一定額に限り公債等の保証物件を準備として発行することができ、さらに必要があれば、大蔵大臣の認可のもとに保証発行限度を超えて発行しうる制度）からはじまり、その後、現在の日銀法が制定されるまでは、主務大臣の監督のもと、最高発行額制限制度と発行保証制度を基本としていた。現行日銀法においては、適切な金融政策の遂行により日銀券の価値に対する信任は確保されるべきとの考え方に基づき、このような規制は外されている（金融制度調査会「日本銀行法の改正に関する答申理由書」より）。
（注3）　高木久史「通貨の日本史―無文銀銭、富本銭から電子マネーまで」。
（注4）　日本銀行「わが国紙幣制度の源流について―とくに伊勢国山田羽書三百年の歩み」。

（注５） Gerald P. Dwyer Jr. "Wildcat Banking, Banking Panics, and Free Banking in the United States"

（注６） 黒田明伸「貨幣システムの世界史」および楊枝嗣朗「歴史の中の貨幣―貨幣とは何か」。

（注７） 合衆国憲法が成立するまでは、諸邦連合（Confederation）による連合規約が憲法に相当した（１７７７～１７９０年）。

（注８） もともとはオーストリアで発行された銀貨であるが、その後も他国で発行され、18～20世紀に欧州、中東、アラビア半島、アフリカの角で流通し貿易を促進した。

（注９） フェリックス・マーティン「21世紀の貨幣論」。

（注10） たとえば、「質問主意書に対する政府答弁書　第１８６回国会　答弁書第39号　内閣参質一八六第三九号」（２０１４年3月18日）。

（注11） 津曲俊英「幣制について」より。

（注12） 連邦準備制度券についての基本的考え方については、１９１３年のアメリカ下院に提出された報告"Changes in the banking and currency system of the United States"を参照。

（注13） 野村総合研究所「平成29年度産業経済研究委託事業（我が国におけるFinTech普及に向けた環境整備に関する調査検討）調査報告書」。

第5章

貨幣の存在がもたらす諸課題

貨幣は、社会的に人間が生きていくうえで極めて重要な交換取引の効率化に資するように機能しているが、反面、存在することによる諸課題が生じていることも事実である。貨幣を具体的に存在させると、意図せぬ効果、まさに「奇貨」とする利用・悪用、期待への限界などがみえてくる。貨幣の存在そのものがもたらす課題と、貨幣を具体化する仕組みがもたらす課題とがあるが、それらのうちから重要な問題を取り上げてみよう。

1 混在することの非効率性と合理性

貨幣は、まず人間社会の維持・活動に不可欠な交換があって生成される。何がしかの時間、空間が一致しない交換活動があると、媒介手段としての貨幣が生まれるが、もし、最初の媒介手段が不足したり期待に十分に応えられなかったりする場合には、次の媒介手段が生成される。時代と人々の要請に応えるための進化の過程で、媒介手段は常に変化するのである。変化は、複数種類が並存する形で生じる。その状態を混在と表現するならば、それも当然の事態である。貨幣の淘汰と進化とでもいえようか。

他方、社会は常に単一であるとは限らず、国が違えば社会も違う。同じ国内であってもその人が所属する社会はそれぞれ異なることもある。社会は重畳的に存在し、人間もいくつかの社会に同時に帰属し、貨幣は当該社会にとって最も都合のよいものが生成されるから、同一人間であっても複数の貨幣を使用することがありうる。なかには、国が違ってもマリアテレジア銀貨やスペインドル銀貨のように、半ば世界中の取引に通用する貨幣もある。

また、混在といっても、独立前のアメリカのように貨幣の単位・名称が複数である場合、また決まっていない場合や、商品貨幣・金属貨幣・紙幣などが同時代に複数種類存在する場合、発行体が複数である場合（たとえば政府紙幣と国法銀行券・州法銀行券が同時に存在するなど）、今の日本のように決済手段が複数存在する場合など、状況も色々ありうる。

さらに、貨幣の通称が同じであったとしても、その価値が異なることもある。植民地時代のアメリカではそれぞれの植民地同士が交換媒体としてポンド、シリング、ペンスを計算貨幣に使っていたが、それぞれの1ポンド、1シリング、1ペンスの価値は異なるもので、植民地ごとの地方単位であったため、英国本国のスターリング・ポンドと混同してはならなかった（注1）。

日本においても、明治初期には江戸時代からの金貨・銀貨・銅貨や藩札、政府紙幣、民間銀行券、新貨条例による円硬貨などが同時に流通していた時期もあった。額面は同じであっても、金属の分量や発行体の信用力などによって市場で評価される価値に打歩が生じることもあった（注2）。

同じ国内において、流通する具体的な貨幣が数種類でしかも実質価値が異なり両替が必要なことは不便であり、価格表示も複雑になる。しかし、当該貨幣を利用する人々が彼らの社会的あるいは地理的領域で使用するだけならば、当該領域における効率性には特段の問題もない場合もありえよう。

実際の不具合に対応するために、自生的な貨幣、公権力発行の貨幣、さらに新しい貨幣などが発生してくるが、貨幣が具体化するとその限りにおいて完全ではないから、何がしかの不具合は生じるもので、それに対応するためにさらに新しい貨幣が生まれるものである。混在には、非効率性と合理性との両面がある。

2 貨幣を統一・単一化したことの結果

貨幣は社会的な存在であるから、同じ貨幣が使われるためには、人々が所属する社会がある程度は等質的である必要がある（むしろ、ある程度の等質的な社会はそれ自身の貨幣をもつとでもいえようか）。特に、貨幣の価値がそれを使う人々にとって同じような価値をもつものでなければ、当該社会において流通が効率的に行われない。

中国においては、1933年から1935年にかけて幣制改革が行われ（両を廃して元に、銀本位制を法幣という管理通貨として、また法幣の発行を限られた銀行に集中した）、統一的な貨幣制度が導入されたが、これは辛亥《しんがい》革命後の国内混乱がひと通り収拾されて、国内統一に至ったもので、社会、経済、政治といった総合的な統一に伴ったものと考えられる。したがって、この場合の統一・単一化には、大きな混乱状態から一定の状態への移行に資するものとして積極的な評価を行うことができよう。

さて、ある程度の均質性がない社会で貨幣だけが人為的に統一化されたとしたら、どのような事態になるであろうか。はたして、そのようなことは持続可能であろうか。

欧州のユーロのように、極めて人為的に複数の国々の貨幣を統一する場合もある。ユーロという欧州統一通貨が導入されるに際しては、その政治的かつ経済的象徴となることが期待された。確かにそのような面は評価すべきであるが、その後いわゆるユーロ危機という事態が生じたことも事実である。同一通貨圏の内部において紐帯が政治的、財政的な統合に及ばないと、貨幣の統一・単一化がマイナスの側面をみせる、または内部の不協和をもたらすことがあるという例を示したともいえる。そのため、EUでは域内の財政的相互協調の強化が模索されている。

人々が需要し供給する財・サービスの構成が異なれば、それらの人々にとっての一般物価の水準も異なるので、貨幣の基本的価値を決定する貨幣の購買力も当然に変化してくる。そこで用い

図表5－1　貨幣単位が異なる場合・同一の場合の例

［例1　貨幣単位が異なる場合］

A地域	B地域
財10個	財10個
100円→80円	1ドル

［例2　貨幣単位が単一の場合］

A地域	B地域
財10個	財10個
100円→80円	100円

られる貨幣が異なれば為替レートの調整で対応が行われうるが、単一貨幣の場合には様々な問題が生じることが予想される。

簡単な2つの具体例で考えてみよう（図表5－1）。

例1では、円とドルの為替レートの調整が行われて、相手国通貨建ての財の名目価値は変わらない。単純な購買力平価で考えると、1ドル＝100円から1ドル＝80円になるから、ドル建てではA地域は1ドル、B地域でも1ドル、円建てでみてもA地域では80円、B地域でも80円となる。これは国際貿易の場合（人、モノ、資本の自由移動）が想定されている。

例2では、為替レートによる調整は行われない。A地域とB地域は同じ円であるがゆえに、財の名目価値が変化する。所得や物価の地域間格差を考えれば実質は同じになるのではないかとも考えられるが、実は結構な問題を含んでいる。

例2は普通に考えれば、一国内で生じることを想定したものであるが、単一貨幣であっても地域によって円の価値が異なることになる（国際取引よりもさらに人、モノ、資本の地域間移動は自由ではあるが、現実問題としてさほど自由移動するわけではない）。全国一律に設定される料金や価格があれば、その一律の変化は、名目は同じでも実質的な影響は地域によって異なることになる。つまり、A地域の1円の負担増の方がB地域の1円の負担増よりも重いということになる（おそらくA地域の方が所得は少ないと予想される）。また、一国内であれば、（貨幣の動きは財・サービスよりもはるかに速いから）貨幣単位が同じならば金融市場は単一で政策金利も同じであろう。とすれば、何か外部的なショックが起きたときに、これに対抗するための政策をとるとした場合、名目上全国一律の影響をもたらす金融政策は経済状況が異なる地域間ではその効果も異なってくることが予想できる。そのような場合に地域間の差異（格差）を調整するには、財政的手当が要請されることになる。このように、貨幣の統一・単一化は、結果的に政治的、財政的な課題に対応することが当然に要請されると考えられる。金融政策と財政政策を同時に表裏一体で考えるべき理由は、実はこの貨幣の統一・単一化に由来するものとも考えられる。ユーロ危機の問題も根底にはこのことがあるのではなかろうか。

円という統一貨幣を使っている日本国内においても、このような事態が生じていないわけではない。東京の所得・物価水準・生計費と地方のそれにはかなりの格差があり、同じ1万円でも実質購買力にはその差が生じていることになる。市場機能が十分には働かず、むしろ、東京と地方では市場が異なるとみえる場合もある。国内的にみても、金融市場・貨幣市場とその他の財・

サービス市場が別々の動きをしているといってもよい。このような状況でもそれなりに国内的には安定しているようにみえる。なぜか。

この不完全な市場と統一貨幣市場とがどうにか同時に共存できているのは、東京と地方のそれぞれの経済社会に生きる人々が分裂に至るような大きな不満をもたないように、仕組み（仕掛け）が用意されているからである。それは日本国という統治体のもとで、商品市場、労働市場、金融資本市場などにおいて、経済学的な前提（価格機構と自由移動）が完全ではなくとも、基本的な価値観を共有し外交防衛といった基本的な公共財が供給され、実質的に財政的な所得移転（地方財政への地方交付税や国庫支出金など）や統一的な社会保障制度が備わっており、国内のどこにおいても一定の生活水準が実現できているからである。人間は経済的な損得のみで生活するものではないものの、やはり国内的には一定水準の経済生活を送るべきもの（憲法的要請）であり、やはりこのような仕組み（仕掛け）が必要となる。

3 貨幣発行に関する裁量性と恣意性

現在の日本は、日本銀行が発行する貨幣を中心として経済活動が行われている。その貨幣量を適切に保つための仕組みはどのようなものか。

(1) 金融政策と財政政策における貨幣発行

現在の貨幣発行は、中央銀行のベースマネーの供給とそれに基づいた民間銀行の信用創造による貨幣供給との二層構造による。これはマクロ的安定を勘案した中央銀行の政策と市場の需給に応じた弾力的な供給という2つの目的に沿う仕組みである。今のところそれ以上の仕組みはなかなか想定しにくいが、民間銀行は利潤最大化行動をとるという前提のもと、制度的に中央銀行に裁量性を認めることになっている。むしろ、「物価の安定を図ることを通じて国民経済の健全な発展に資することをもって、その理念とする」(日銀法2条)はずの中央銀行を信頼してその裁量的政策に期待する仕組みであるともいえよう(期待と実際には乖離があるものであるが、日本銀行は全知全能に近いことが期待されているのだ)。

最近の日本銀行の資産負債残高表をみると、保有国債の急増とベースマネーの急拡大が顕著であるが、これも期待された裁量の結果なのであろう。

内外の歴史をみても、貨幣発行の急拡大が観察されるのは、多くが、内乱、戦争、革命的事態といった非常時であり、貨幣発行権を裁量的・恣意的に行使してきた場合である。統治権力側が貨幣を直接に発行する例(発券財政)や、銀行引受けや買取りによる公債発行などの例(銀行財政）がある。

ところが、そのような非常時でもない状態において、中央銀行の保有国債の急増とベースマネーの急拡大が行われてきている状況を現在の日本にみることができる。これまでのところ、それに伴ってマネーストックの急増に至っていない（貨幣乗数と貨幣の流通速度の大幅な低下がみられる）ので一般物価は比較的落ち着いているが、このような貨幣発行の裁量性が1つの機関に一任されているという仕組みがいつまで機能するのか、またそれが非常時にも妥当なのか、ということは考えておく必要があるのではなかろうか。日銀法4条は「日本銀行は、その行う通貨及び金融の調節が経済政策の一環をなすものであることを踏まえ、それが政府の経済政策の基本方針と整合的なものとなるよう、常に政府と連絡を密にし、十分な意思疎通を図らなければならない」と規定しており、両者の間の意思疎通は当然に行われているのであろう。

金融政策と財政政策の緊張関係は、現行の貨幣システムに由来する不可避の1つの課題ではあるのだろう。むしろ、ある程度の緊張関係に期待しているともいえるかもしれない。

(2) 裁量性は発行体を誘惑する

「発行体でみる工夫」でも触れたが、太古より貨幣の発行権は統治権力の1つであるとする「貨幣高権」という考え方がある。明治政府が「国財の儀は元来政権へ付属」するとしたのもこの考え方に基づく。外国においても、同様である。

貨幣は必ずしも公権力が介入しなくてもいわば自生的に存在しうるものであるから、わざわざ「高権」などという大袈裟な物言いを用いることもなく、単に社会維持の前提となる約束や財産に関する秩序に関する基本的な役割を果たすための「高権」であればよいはずである。ここでいう「貨幣高権」は、「統治権力に由来する」のではなく、統治権力側が貨幣事項を「高権の下に置く」と宣言したに過ぎないと理解すればよい。しかし、「高権の下に置く」という国家の留保にはそれなりの理由がある。国家は人々が生存していくために必要な諸権利・公共財を提供し、そのための諸制度を提供すべき主権的権限は必要なものであるという前提に立てば、貨幣に関する国家の権限の留保は理解できる。

すなわち、まず、価値単位の統合については、度量衡と同じく全国統一が望ましく、社会の効率性を高めることが理解されよう。これは、社会維持の前提となる約束や財産に関する秩序に関する基本的な事項にあたる。ただこれも、単位の呼称にとどまるのか、その実質的価値そのものを統一するのかといった問題は残る。

発行はどうか。貨幣発行を留保することは、統治権力側にとっては、裁量により財源調達の手段として便利なものであり、かつ明らかに様々な貢《こう》(公)租《そ》(年貢、租税)を課すこともなく、人々の抵抗・反発を小さく済ませることが可能で、時宜に合わせられ、しかもその実現コストを極めて安く利用することができる。

なお、その後にインフレ、貨幣価値の下落が生じることは少なくない。平時はもちろん、革命時、戦時、どのようなときにおいてもそうである。いずれの国・時代においても、財源調達のために貨幣発行は往々にして使われてきた例がみられる。その誘惑は極めて強い（注3）。先年の政府紙幣の発行論議もそうである。日本においても、最近では、1986年に10万円記念金貨が大量に発行され、本格的な財源調達ではないとしても、大きな発行差益が見込まれたこともあったが、結果的には大掛かりな偽造事件が起きてしまった。誘惑に負けると、場合によっては、国民経済に深刻な影響をもたらすことがあることも歴史は教えてくれている。

ただし、国家非常事態のときの緊急的な財源調達手段として、政府の貨幣発行が検討される余地がないわけでもない。なぜなら、他に代替手段方法がない場合も想定され、その場合には国民の代表として政府が決断すべきである。それは、「誘惑」という軽い言葉で表現されるようなことではない。

これに関し、財政法は、「国の歳出は、公債又は借入金以外の歳入を以て、その財源としなければならない」（4条1項）とし、さらに「すべて、公債の発行については、日本銀行にこれを引き受けさせ、又、借入金の借入については、日本銀行からこれを借り入れてはならない」（5条）と定めており、貨幣発行による財源調達を厳に戒めていることも思い出すべきである。

しかし、この原則はこのところ棚上げされてきているというのが実情である。それにもかかわらず、インフレにもならない（インフレにしたくともできていない）のは、この基本的な枠組みが前提とする基本的な事情が変わったというのでもあろうか。

現在は、主たる貨幣の発行を国家が留保して、貨幣制度の枠組みを立法府が法定し、その企画立案は行政府が行い、具体的な発行は中央銀行が独立性をもって行うという仕組みになっている。それも、ここに述べた誘惑への対抗と歴史的な経験に鑑み、中央銀行の独立性が強調されるようになり、かつそれが実現されて久しい。もちろん、中央銀行に対する信任が維持されるべきことは当然であるが、その前提については留意しておくべきであろう。

4 外国為替レートの発生と対処

貨幣の価値は安定的であることが重要だが、現実の世界では、国内的な安定と対外的な安定との両方の意味である。対内的な価値安定は結局のところ物価の安定であり、対外的な価値安定は為替レートの安定である。日銀法には「日本銀行は……物価の安定を……」（2条）と書かれ、「通貨の安定」とは直接的には書かれていない。

図表5－2　国際金融のトリレンマ

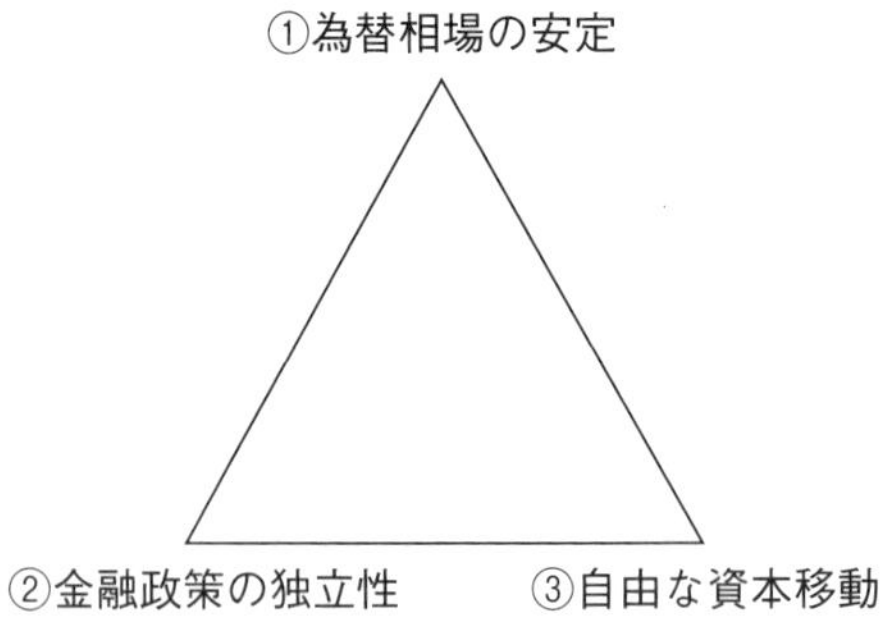

「通貨の安定」が書かれているのは「外国為替及び外国貿易法」（1条）であり、それは財務大臣が担当することになっている。為替レートには国内物価だけではなく外国の物価の変動、その他あらゆる経済的、政治的、地政学的、軍事的などの諸要素が影響するので、政府が総体的に担当する他ないということでもあろう。

国際金融に関しては、①為替相場の安定、②金融政策の独立性、③自由な資本移動、の3つのうち、必ずどれか1つをあきらめなければならないというトリレンマが指摘されている（図表5－2）。この「国際金融のトリレンマ」が存在し、かつ実物取引額をはるかに超えて世界的に金融資産が著増し取引されるなか、為替レートへの対応は極めて難しくなっている。

もちろん、為替レートは長期的には物価水準、すなわち当該国貨幣の購買力と相手国貨幣の購買力が相対的に反映されるように動くと考えるのが自然であるから、国内貨幣の価値の安定が基本的に重要であることは当然である。また、為替管理（たとえば、輸出入管理、資本取引規制、相場介入）が行われることも歴史的にはまれではなかったが、今日的対処方法としてどこまで有効なのか、議論しても結論は出ないであろう。

為替レートは、生産力などの実体経済、金融政策、資本移動などの為替管理制度、政治外交の状況及び予想など、あらゆる要素が複雑に関係し、かつ外国との相対関係が反映されるから、一国の当局の影響力も限られるなかで、政府が中心となりながら中央銀行と意思疎通を図りつつ、対外的にも外国と協調して対応せざるを得ないであろう。各国が金本位制のもとにあったとしても、金価格と各国の物価水準、国内生産と金の量との関係などの問題は残り、為替レートの切上げ、切下げの問題は常に存在してきた。主権国家に分かれ、それぞれが固有の貨幣をもち、財政も統合されないうちは、為替レートに関する基本的な問題解決は困難である（だから、「国際協調」がいわれる）。

貨幣が存在しなければ、為替レートという煩わしい問題は生じないであろうが、しかし、貿易が行われる以上はその決済のために、仮に実物交換であったとしても決済は必要であり、実物経済も常に変化する。さらに、その変化に敏感に反応する巨大な金融資産市場が存在する以上、為替レートは不安定なものと割り切ることが答えかもしれない。

5 貨幣の偽造問題（地域通貨と関連して）

貨幣は、大昔より偽造が問題になってきた（皇朝銭についても偽造に関するお触れが何回も出されている）（注4）。筆者もかつて、日銀券の改刷を担当したことがあった。それは日銀券の偽造耐性が弱まったことへの対応のためで、様々な偽造対策を講じたうえで新札発行の企画をまとめたことがある。「貨幣の信頼維持」の観点から、極めて深刻で現実的な問題として受け止めて、関係者で協議したものである。

刑事法の分野では、刑法148条では「行使の目的で、通貨を偽造・変造・行使すること、人に交付・輸入すること」が、通貨及証券模造取締法1条では、貨幣、政府発行紙幣、銀行紙幣等に紛らわしい外観を有するものを製造・販売することが禁じられている。さらに、紙幣類似証《るいじしょう》券《けん》取締法では、紙幣類似の作用をなすものの流通が規制されている。世の中に具体化された貨幣が存在しなければ、偽造はできない。

偽造行為が行われるのは、1万円札をたとえば500円の原価で作成して使用できれば、9500円分の不法利得を得られるからである。昔みた外国映画で、本物の紙幣工場に忍び込んで印刷して紙幣を得ようとしたものの、印刷インクがたまたま本物の紙幣印刷用ではなく、時間を置くと消える仕様であったため、結局失敗するというものがあった。もし本物の紙幣印刷に使われる消えないインクであったら、それらの紙幣は市中に流通したであろう。この点、もし国立印刷局で製造された日銀券を盗んでそれを市中で使用した場合、それは偽造紙幣には該当しないであろうから、窃盗以外のどのような罪にあたるのだろうか（刑法学者の間でも議論がある）。これを注意深く考えていくと、貨幣の基本問題とも関係する。

また、国と国の戦争においても、対戦国の貨幣を偽造して大量にばらまいて経済を混乱させようとした事例もあると聞く。貨幣には、偽造耐性を十分なものにすることが求められてきた。

このような法制度のもとで、実に興味をひく文章がある。それは、岩井克人氏が「ヴェニスの商人の資本論」において「ホンモノのおカネの作り方」と題して、「その極意は至極簡単である。ニセガネを作らないようにすればよいのである。……その極意も簡単だ。ホンモノのおカネに似せようとしなければよいのである」としている。その例として、江戸時代の天王寺屋《てんのうじや》や鴻池屋《こうのいけや》が発行していた預り手形が「ホンモノのおカネの代わり」に実際の支払い手段として流通するようになり、それが結局は「ホンモノのおカネになってしまった」と書いている。なお、「もちろん、だれもがホンモノのおカネを作ることができるわけではない」と付け加えている。

通貨の企画担当者としては、心穏やかではないであろうが、貨幣の基本を考えるには面白い。現実的に考えてみると、実現不可能なことではないのではと思ったりもする。

実際問題として、自分がホンモノの貨幣をつくり出すことを想定してみよう（紙幣類似証券取締法のことは脇に置いて）。今はパソコンとプリンター（さらにはスマートフォン）が普及しているので、自分なりに明らかに日銀券であると間違うこともないような模様と形状の紙幣を作成して、買い物に使おうとしてみるとする。一般的には、それはお店に当然に拒否される。だが、事前に相互の了解が得られた小さなコミュニティの内部であれば、可能性はある。実際、地域貨幣やさらにそれを発展させようという計画が現れてきている。

6 新しい貨幣の生成と対応

(1) デジタルマネーの登場

貨幣は社会経済と技術の変化に伴って新しい形のものが生成され、歴史的に内容、機能、形態、利用方法などが既存の形態から変貌を遂げてきた。今でもそうである。特に最近では、デジタル技術の進展によって、利便性と効率化という点で急速な変化が決済手段にみられるようになっている。それは単に決済の仕方という側面だけではなく、新たな計算貨幣や支払い手段が構想されるようになってきている。

たとえば、小口取引に用いられることが多い電子マネーをはじめとするキャッシュレス手段は、銀行以外の多様な企業体が発行するようになり、数多くの種類が使われるようになった（キャッシュレス手段は、新しい貨幣というよりも、厳密には「既存の貨幣を用いた新しい支払い方法」というべきであろうが、新しい支払い手段そのものが新しい貨幣として認識されるようになることも歴史にある）。いわゆる暗号資産（仮想通貨）もその1つである。

Facebook（現Meta）は、2019年に、デジタル通貨構想「Libra（リブラ）」（後に名称を「Diem（ディエム）」に変更）を発表した。リブラは、世界中の10億人以上の人々の参加を予定し、既存の貨幣をリブラという通貨に両替して発行するが、ビットコインなどと異なり、いわば準備率100％の発行保証制度のもとにある「ステーブルコイン」（実物資産と連動させることでデジタル通貨の価格の安定性を担保する仕組み）を目指したものであった。この構想は、公表以来、各国金融当局から猛反発を受け、結果的には実現していない。世界的な有力企業が中心となってグローバルに新しい通貨を発行しようとすることに対して、実現した場合の影響力を想像した世界各国の当局が、これまでの新通貨構想とはまったく違った次元で緊張して反応したといえる。

日本国内においても、民間版ステーブルコインの発行を目指す動きが活発化しており、確実性と実効性、価値安定性、取引効率性と利便性、需要に見合った量の可用性、真正な権利者の公示性が備わって持続性が担保されれば、現実的な新しい貨幣になりうるものと考えられる。特に、利便性の追求については現実取引を担う民間主体の方がはるかに優れるから、多くの関係者が協働した形で実現することを期待したい。ただし、それにはインフラや管理運営のためのコストにかかる問題、また類似マネーの並存の非効率性がどのように対処されるのかには注目していく必要がある。

(2) 中央銀行デジタル通貨（ＣＢＤＣ）

デジタル技術の進展は、社会経済にも予想を超えて極めて大きな変革と影響をもたらしてきており、一国の通貨・貨幣制度や金融制度にも変革を迫ってきている。

中央銀行デジタル通貨（ＣＢＤＣ）の発行については、先行している民間デジタルマネーとは別に議論が行われている。一般に、ＣＢＤＣは、①デジタル化されていること、②円などの法定通貨建てであること、③中央銀行の債務として発行されること、の３つを満たすものといわれている。各国政府や中央銀行が検討を開始しており、一部の国ではすでに発行したり、具体的な実証実験の段階に入ったりしている。

ＣＢＤＣの本質的なところは既存の中央銀行券や中央銀行預金と変わらないものであり、単に形態がデジタル化するに過ぎないが、実現すると、日常生活における比較的小口の貨幣使用だけではなく、企業間取引や金融機関のあり方などにも大きな変化が出てくると思われる。検討の途上ではあるものの、法制度、民間企業や金融機関、さらには二層構造による貨幣供給体制にも影響が及ぶこともありうる。

現実として、何にでも、いつでも、どこでも、誰でも使える支払い手段となるのか、そのための仕組みが構築できるのか、現金や銀行預金などと比べてどのようなメリットがあるのかなど、論点は多く、これから注目していく必要がある。ここでは、気付きの点を挙げてみたい。

ア　CBDCが検討される理由

CBDC発行の検討が真剣に行われるようになったのは、かつてのように、通貨の混乱や価値下落に対する措置としての新通貨・貨幣への切換え発行でもなく、貨幣財政への依拠による貨幣発行のためでもない。

そこには、大きく2つの理由がある。

第一に、これまで用いられてきた法貨及び銀行貨幣の制度・機能と比べて、取引効率性・利便性に優れる諸々のデジタル支払い手段が市場の発意で考案・実装され、（法貨性が付与されなくても）経済社会に浸透し信頼性も徐々に上がってきたことである。日銀券の法貨性や信頼性に問題があるというのではないが、新しいデジタル支払い手段に比べて取引効率性・利便性において不利となった側面が出てきた。ただし、その規模が大きくとも現行の法貨や銀行貨幣との交換により発行されている限り、民間における取引効率性・利便性の向上策として評価できるものであり、さほどの本質的な問題にはならないかもしれない。

しかし、デジタル化が進み、キャッシュレスが一般的になったときに、たとえば、キャッシュによる支払いが拒否されることになれば、法貨としての意味が問われ、さらにデジタルになじめない人たちに金融的な疎外が生じることになりかねない。また、仮にキャッシュレス提供業者の集中が進むと、独占・寡占の弊害が生じる可能性もある。それらは、放置してよい問題ではない。

第二に、巨大なＩＴプラットフォーム企業が民間デジタルマネーを発行することになれば、現在の各国貨幣・通貨に取って代わる可能性が排除できず、そこにはかつてハイエクが述べた貨幣競争（民間貨幣の挑戦）が現実に生じかねない。政府や中央銀行にとって深刻な問題となりうるもので、貨幣主権という言葉を使うならば、その危機とも考えられているのであろう。貨幣主権の内容としては、領域内において貨幣（法貨）を発行すること、その貨幣価値を決定・変更すること、領域内における貨幣の使用を規制することの3点が挙げられる（注5）。貨幣主権という言葉をことさらに使うまでもなく、経済価値の単位名称を示し、また経済安定のための金融政策を行い、さらに確実な決済制度を提供するということは、一国経済にとって非常に重要であるから、貨幣についての責任のある政府・中央銀行が、この面からデジタルマネーについて検討することは当然である。言い換えれば、ＣＢＤＣについては、大規模な民間デジタルマネーが普及した場合に生じる問題への事前的対応が基底にあるともいえよう（注６）。

ＣＢＤＣは、民間デジタルマネーとの対比において、次章で述べる「窮極にあるもの」よりも「容器、工夫・仕掛け」の問題のようにも思えるが、それで済むことなのかを考えてみたい。

イ　民間デジタルマネーの問題

ＣＢＤＣはあくまでも中央銀行が発行するもので、その基本的な性質は中央銀行券や中央銀行預金と変わるものではなく、その本体は中央銀行の「（経済的価値を提供する）履行約束」という債務であり、既存の貨幣から変化するわけではない。他方、大規模に民間デジタルマネーが発行され、独自の名称・単位をもち、現行の法貨や銀行貨幣との互換性が確保されることなくそれらに取って代わるような事態が生じたとすると、それは法貨や銀行貨幣を経ることなく、独自の「容器」に入れられて、独自の工夫・仕掛けの民間デジタルマネーとして直接に発行される世界となる。

巨大なＩＴプラットフォーム企業が発行する民間デジタルマネーは、実際の経済活動で使いやすいように、民間の発意で発行され利用されるから、おそらく利便性に優れるであろう。ただし、企業はあくまでも利潤追求を目的とするものであるから、撤退も可能であり、使用の普遍性（交換機能の４次元）は必ずしも担保されず、また、大規模災害・紛争時などの非常時に社会経済の真の基盤である公共財としての貨幣の確実性、価値安定性の確保を任すことがふさわしいのかどうかという問題は残る。歴史的に、政府が過度に貨幣財政に陥ったりインフレを招いたりしたことはあるが、それは国民に対して責任をもつ政府・中央銀行によるものである。民間デジタルマネーについて、極端な想定をすれば、その発行体が量的質的に操作を行う場合に、国民経済安定よりも私的利潤を追求するようなことはないのか。経済政策の運営にあたり、政府・中央銀行との政策協調は確かなのか。単一通貨圏における実際的な地域間で生じる格差問題に対応する財政的な措置をとれるのか。確実性、価値安定性などの責任を果たすための制度的な仕組みと対応をとれるのか。囲い込みの外との取引はどのように担保されるのか。最後の貸手機能を果たせるのか……。多くの基本的な問題がある。

しかしながら、銀行、企業、消費者団体など、民間の発意・協力で、デジタルマネーが実際にそこまでの問題を引き起こさないように制度設計できる場合には、決済の利便が格段に向上することも期待できるのであって、関係者の間で賢明な判断がなされて（法的手当もなされて）実用化されることは積極的に評価できるであろう。

(3) CBDCの課題

CBDCは、巨大民間デジタルマネーに潜む本質的な問題が表面化する前に、政府・中央銀行が対応しようというものと評価され、情報処理技術が格段に進んだ社会の要請に適応する貨幣のevolutionでもある。

結局、CBDCは、すでに示した何にでも・いつでも・どこでも・誰でもという4次元と、確実性と実効性・価値安定性・取引効率性と利便性・需要に見合った量の可用性・真正な権利者の公示性という5つの条件をより進めたものとして、民間デジタルマネーとの比較において効率性を上げ取引コストを下げるように具体化できるかという面で検討されるべきであるが、それ以上に一国の貨幣制度や金融政策を誰に委ねるのかという問題も内蔵している。おそらく、貨幣取引の態様変化が金融政策や対外取引・為替などに及ぼす影響、さらにデジタルということに関連して、デジタルラン（一斉に銀行預金をCBDCという形で引き出すという取付け）、デジタルインクルージョン、サイバーアタック、偽造耐性、資金洗浄対策など、多面的かつ技術的にも検討がなされているであろう。ここでは2つの問題を取り上げたい。

第一に、CBDCと取引情報の関係の問題である。

CBDCであれ民間デジタルマネーであれ、容器、工夫・仕掛けの問題として、既存の貨幣と比べて取引当事者に関する情報が圧倒的に多くネットワークで付随する。提供者・管理者は提供コストや管理コストを勘案してもその付随情報の利用を推進するであろうし、それがゆえに利便性も高められるであろう。他面、マーケティングなどに本人の意向とは離れて利用されることもあるだろう。この点は深刻な問題で、従来の貨幣論にはなかった論点である（逆に、現金の匿名性という課題について種々議論はされてきた）。取引情報は現在その価値が認識され極めて重要な役割を果たすようになっており、5条件に加わりうる条件である。この問題は、ＣＢＤＣの仕組みと関与者間の関係設計によるが、たとえば、取引情報について誰がどの部分まで保有するか、またアクセスできるようにするか、または非開示を要求できるようにするか、利用手数料をどのように設定するかなどの多くの問題にも影響し、発行可否の判断も左右するかもしれない。現実の貨幣は、国民、政府、中央銀行、民間銀行、企業などが相互に協力しあって存在し機能しているものであるから、政府・日本銀行だけの意向で決められるものではなく、ＣＢＤＣは議論としては国会での検討を経る必要があろう。デジタルマネーについては、諸々の貨幣間の相互取引可能性の確保、付随情報の取扱いに関する国民的な合意といった点が確保されて初めて「期待される貨幣像」と重なることになろう。

第二に、需要に見合った量の可用性の問題である。

これは5条件のうちの1つであり、またデジタルラン（取付け）とも関係する。ＣＢＤＣの制度設計とも関係するが、ＣＢＤＣの発行・入手の方法と量が問題となる。現金は、銀行窓口で預金口座からの払戻しによって入手できる。ＣＢＤＣも、同様に、銀行口座からＣＢＤＣ用の日本銀行口座へ（またはトークン化して）手元の電子機器を使って資金移動して入手されるであろう

（しかも、いつでもどこでも一瞬のうちに）。極端な場合を想定すると、銀行は１００％の預金準備が必要となるかもしれない。日本銀行にとっても、銀行預金を要求のままに限度なくＣＢＤＣという日銀預金として受入れに応ずるのか、または応じられるのかというと、それも難しいだろう。というのも、銀行預金は民間銀行部門の貸出の見合い（資産）であるが、日銀預金は民間銀行の資産のうちの優良資産に見合うものであり、質的な差異もあって、銀行預金の全部がＣＢＤＣとして引き出せるものではない。とすると、ＣＢＤＣの供給には何らかの限度が設定されることがありえて、可用性において何らかの制限が生じる可能性がある。さらには、法貨であるＣＢＤＣと銀行貨幣（預金）とでは（おそらく）確実性・価値安定性において差があることもあり、何らかの手を打たない限り、銀行預金はＣＢＤＣと競争できない。そのため、銀行の普通預金は、それを補うように利便性・収益性においてＣＢＤＣよりも有利であることが求められるかもしれない。そこには、ＣＢＤＣと銀行貨幣（預金）とのバランスの問題が生じる可能性もある。これらの結果によって、ＣＢＤＣが既存の日銀券や銀行貨幣を補完する役割にとどまるのかがみえてきて、現在の中央銀行と普通銀行の共同作業的な二層的貨幣供給への影響の程度がわかるであろう。貨幣供給体制の問題として極めて重要なところではないだろうか。

(4) さらなる広がりの可能性

ＣＢＤＣに限らず、デジタル技術の進展は、何らかの価値をこれまで以上に貨幣化できる契機ともなる可能性を秘めている。たとえば、かつての帳面取引（book credit）をさらに広い範囲で実現できる可能性もあるだろうし（価値基準としての一般的貨幣をもとにした、估価表《こかひょう》（取引価格や交換率を示したもの）の標準化・普遍化や即時取引の実現性）、個々の経済主体間の直接移転（決済）の広がり・展開などがありうることを勘案すれば、発行のもととなる資産の側も多様化できるかもしれない。商品貨幣・信用貨幣の壁がなくなる可能性もある。ビットコインのようなまったくの無から生じる価値をもとにしたものは、商品貨幣なのか、それとも信用貨幣なのか不分明である。しかし、そこにいったん価値があると認められれば、貨幣としての適性フィルターを通過した場合、貨幣として機能することはありえよう。新しい貨幣の生成と対応はさらに広がりをもつことになる。たとえ普遍的に使用されることにはならずとも、限られた地域や空間でそれを了とする人々の間では利用されるであろう。

（注1） Ron Michener "Money in the American Colonies" より。
（注2） 西南戦争の戦費を不換政府紙幣で賄った結果、紙幣価値は銀貨1円＝政府紙幣1円80銭まで低

落したことがある。
（注3）　日本銀行は「決済システムの概要」説明において、お金の価値の安定に関し、「第2の仕掛けは、おさつの価値が下がらないようにすることです。倒産しない者に発行させる、というだけなら、中央銀行でなく政府が発行しても問題ないはずです。しかし、国の経済の中にあって政府は自ら巨額のおかねを使う主体でもあります。おかねを使う者が発行することになれば、おさつが節度なく大量に発行されるおそれが出てきます」としている。
（注4）　アメリカ独立前の植民地紙幣においても、偽造は重大犯罪とされた。
（注5）　Francois Gianviti "Current legal aspects of monetary sovereignty" より。ただし、ＣＢＤＣの文脈では、政府や中央銀行の金融政策に関する力が制限される懸念が大きいようにもみえる。
（注6）　ディエム協会のＨＰを開くと、ＣＥＯの声明が現れ、そこに "it nevertheless became clear from our dialogue with federal regulators that the project could not move ahead." （残念なことに、連邦当局者との対話の結果、ディエムプロジェクトは前に進めないことが明らかになった）とあり、印象的である。

第6章

貨幣の窮極にあるものとは

これまで、貨幣という言葉、貨幣の発生と展開、機能、貨幣の4次元・5条件、貨幣の適応と工夫、貨幣が存在することによる諸課題をみてきたが、それらを踏まえ、交換手段としての貨幣の価値（the value by which goods are exchanged）はいったい何に基づくものなのかをさらに考えてみたい。これは、詰まるところ、その大元にある「貨幣の窮極にあるもの」を探すことだ。

すでに、「貨幣」について、「交換を実現するための売買を通じる媒介手段である」という機能的理解のうえに立ちつつも、貨幣という言葉は一義的ではないと述べたところである。

そこで、先の概念整理に沿って、①「価値（計算）単位」としての貨幣と「交換手段」としての貨幣とを分けて、その次に、②「交換価値をもつ貨幣」について、「（純粋概念としての）貨幣そのもの」と「（価値を具象化した）貨幣とされているもの」とを分別して考えてみたい。そこでは、貨幣本体と容器の分離が生じる。

1 「価値（計算）単位」としての貨幣と「交換手段」としての貨幣

今日の日常生活では大して気に留めないが、使用しているお札といった具体的な貨幣とは趣を異にするのが、当事者が相互に経済価値を客観的に認識し同時に表記するための「価値（計算）単位」としての貨幣（注1）である。これは、具体的な「交換手段」としての貨幣が存在し機能するための前提となるものである。具体的に考えてみよう。

●（例1）

Aが服1着をBに売り、記帳する。後日、合意のうえ、BはAに鶏2羽をもってきて記帳し、決済する。

このときに、それぞれが服1着、鶏2羽と記帳すればそれはおそらく純然たる交換であるが、もしこの社会が「何らかの共通価値単位」をもっていて、服1着1ポンド、鶏2羽1ポンドと記帳すれば売買行為となるかもしれない（取引の記帳を管理する役割の（社会的に信用されている）Xがいてもよいし、Aが記帳してもよい）。仮にポンドという貨幣実物はなくても、そのような記帳は可能である。実際に、植民地時代のアメリカではそのように取引されていた例があることは前にみたとおりである。ただし、金額を示した売買契約は成立したとしても、決済はその都度行われるわけではなく、鶏2羽をもってきたときに決済され取引は完成する。

ここでのポンドはあくまでも共通の価値計算単位以上のものではないが、少なくとも貨幣の1つの重要な機能を果たしていたと考えることができよう。

さらに、次の例をみてみよう。

●（例2）

Aが服1着をBに売り記帳する。次の日に、Bが鶏2羽をCに売り記帳し、Cは布1反をAに売り記帳する、という取引形態をとっていた。そこに、具体的な貨幣を導入する。

貨幣導入前は、服と鶏、鶏と布、布と服という交換比率について、（取引を記帳する役割の（社会的に信用されている）Xという人間がいたとしても）二者間でそれぞれ合意し売買は実行されるが、決済は3つの取引が終わるまでは完結しない。

ここに、具体的な貨幣を導入する場合には、貨幣と対象物の交換比率（価格）が決定されていれば各自の債権債務額は貨幣の交付によりその都度決済が行われて、それぞれ3つの取引が完成することになる。掛売りならば期末にならないと相殺は完成しないが、他方、取引ごとに貨幣により決済すればそれぞれの取引は完結し、全体として極めて安定する。

「価値（計算）単位」としての貨幣といわゆる「現実に使用される貨幣」とは分けて考えるべきものである。

この計算単位の呼称としての「貨幣」は単にその社会がどのように名付けるかということに尽きるもので、ことさらに「窮極」を議論するまでもない。たとえば、「円」と称呼されるようになるには様々な経緯があったろうが、それは歴史的な事実として理解すればよかろう。なお、単位としての「円」の価値をどのように決めるのかは、また別の次元の問題である。明治の初めには金銀の量との関係で決めたが、今では円の価値は事前的なものとしては決まってはおらず、事後的に一般物価との関係で決まるに過ぎない。

2　貨幣（価値概念）と「貨幣とされているもの」（具象化したもの）

現在においても、また歴史的にみても、貨幣は多くの形をとって存在してきている。とすると、形は違っても「貨幣」として機能する以上は共通する何かがあるのではないか、という疑問が当然に出てくる。ここでは、まずは、貨幣の容器（形をなしているもの）と核心にあるものとを分別して考えてみたい。

(1)　具体的な貨幣の覆いを剥いでいく

貨幣の償還というと、兌換銀行券を金銀に交換するといったことを想起するが、ここでは、管理貨幣、さらには預金などを含めた貨幣一般の償還（同等の経済価値に置き換えること）について考える。

ア　一般の銀行貨幣（銀行預金）の場合

日本もかつて明治期に為替会社や国立銀行が、アメリカにおいてはかつて州法銀行や国法銀行が銀行券を発行していた例があるが、現在では発行されていないので、銀行貨幣の代表である銀行預金について考える。

現在、銀行預金が一国の貨幣の大宗を占めることはすでにみたとおりであるが、銀行預金が貨幣として扱われるのは決済手段・支払い手段として機能するからであって、それは預金者の銀行口座間送金システムが確立されていることが前提となっている。そのうえで、銀行預金の償還を考えると、もともとは法貨・現金による払戻しである。銀行に信用不安が生じると取付け騒ぎに至ることがあるが、これは日銀券を引き出して財産を守ろうとする動きである。このような事態に対しては、当該銀行はその保有する資産を担保に日本銀行から日銀券を借り受けて払戻しにあてることになる（なお、通常の預金払戻し請求には準備預金制度で手当するだろう。場合によってはいわゆる「日銀特融」もありうる。さらに銀行破産に瀕する場合には預金保険制度で対応されることになる。なお、預金保険制度は一定額までの保証であるから、それを超える部分については残余財産からの分配となる）。

とすると、銀行預金の場合には日銀券で償還されるから、貨幣の窮極を求めていくには、やはり、法貨たる日銀券のベールを剥いでいく作業が必要になる。多くの民間貨幣も同様である。

イ　中央銀行券の場合

《日本》

日常我々が使っているお札（日銀券）は、財務大臣が策定する製造計画に基づき日本銀行が国立印刷局に発注し製造されたもので、日本銀行がその製造費用を支払って品物としての銀行券を引き取り、民間銀行が日本銀行当座預金の日銀券による払出しを求め、それを銀行預金者が銀行口座から引き出して市中に出てくるものである。有体物としては国立印刷局で完成したものと日本銀行から払い出されたものはまったく同じものである。しかし、国立印刷局から引き取ったばかりのお札は指定された模様などが印刷されたわずかな製造原価の紙に過ぎないが、その後日本銀行から貸し出されまたは払い出されればその時点で額面の価値に相当する貨幣して扱われることになる。これらの時間的経過のうちに何が行われているのかというと、単に貸出（債権債務関係の形成）に伴い、日本銀行の貸借対照表に記帳されて、物理的に日本銀行の外部に出たというだけである。債権債務関係でみても、日本銀行からの貸出（または取得証券）見合いの預金が銀行券に振り替わっただけのことで、日本銀行の負債側に預金または銀行券として記帳されている状態は変わらない。

とすると、「日本銀行の負債側に記帳されたということ」（負債債務となったこと）が日銀当座預金や日銀券の価値の本質なのであろうか。それで貨幣たりうるだろうか。そこにはどのような意味があるのだろうか。

いわゆる貨幣といわれるものの償還はどこまで考えられて制度化されているかを考えてみよう。

硬貨（法律上は「貨幣」）は、政府が発行するものであり、それは政府が日本銀行に引き渡した時点で発行体の外に出て発行されたことになり（政府預金口座に記帳される）、それに見合った額が政府の貨幣回収準備資金に編入される。その意味は、硬貨を同じく「法貨」である日銀券と交換すべしとの要請があったときにはこれに応ずるための準備を用意しておくものであり、いわば償還要求に備えているのである。

日銀券はどうか。日本銀行設立は明治前期の紙幣整理を重要な眼目としたが、これは政府の正貨蓄積による金貨・銀貨兌換を実現するためであった。これは、正貨（金貨・銀貨）を前提として、「貨幣は金銀兌換券よりよいものはないことは人々が熟知している」という考え方に基づき、金貨・銀貨と兌換する責任を日本銀行がもつ仕組みをつくることであった。すなわち、日銀券を発行することは、正貨と兌換するという法的な債務（償還義務）を負うという意味があった。

それでは、現在の日銀券発行にはこの償還義務に代わるどのような責任があるのか。規範的には日銀券は法貨であるから、それ以上の償還は制度化されていない、このことは周知のことである。もちろん、法貨ということで、広義の政府という関係において、全部ではないが一部は納税という形での償還という意味があると考えられないわけではない。しかし、これに尽きるのだろうか。

《アメリカ》

アメリカの連邦準備券（ドル札）は、「Fedのliability」（連邦準備制度の負債）であり、また「obligation of the United States」（国の債務）であって（注2）、政府紙幣と中央銀行券の両方の性格をもつ（厳密にいえば政府紙幣といえるが、政府の支出に応じて発行されるのではなく、中央銀行であると自称する連邦準備制度が発行し、連邦準備銀行が市中の貨幣需要に応じて供給するから、事実上、中央銀行券と考えてよいだろう）。その償還については、法貨（lawful money）でされることになっている。

そこに着目し、連邦準備券を金貨または銀貨で償還すべきであると政府に対する裁判を起こした例（1974年）があるが、連邦準備券はlawful moneyであるから、連邦準備券が再発行されるにとどまるとして当然に棄却された例がある。この判例は、1878年の法貨回収・償還禁止法に基づいて同様の内容を判じた1884年の判決を繰り返したものであるが、それはlegal tenderとしての政府紙幣を前提としたものであり、連邦準備券は政府紙幣と同様の法貨としての位置付けという認識に立つのであろう。

結局、日本にせよアメリカにせよ、平常時には中央銀行券は法貨である中央銀行券で償還するのであり、それは法貨制度の永続性の前提が確信されているということかもしれない。ただ、その前提は、イメージとしてはともかく、これまでの歴史に鑑みて、永続しないことを人々は知っており、非常時には成立しない。人々は、貨幣はさほど遠くない将来のうちには実体的な財産で償還されうる（または当面は売買の支払いにあてられ通用する）と考えているから、中央銀行券による償還以上の償還を求めることをせず、かつ、そのような制度としても人々がそれを受容し諾としている状況にあるということであろう。

問題は、非常時の対応なのである。つまり、話はこれでおしまいというわけではない。

(2) 償還されなければ「貨幣の窮極」なのか

日本においてもアメリカにおいても、法貨たる中央銀行券はそれ以上の償還は予定されないことになっているから、結局、貨幣の窮極にあるものは中央銀行券（中央銀行に対する信用）そのものに尽きると考えるべきであろうか。現在は、商品貨幣の世界ではなく、管理された信用貨幣の世界となっている。信用貨幣は、「信用」という以上、最終的には債務性の側面をもつといわれる。特に、銀行貨幣はそうである。すでに述べたように、法貨たる中央銀行券は中央銀行券でしか償還されないから、すでに債務性は失っているともいえるのかもしれないが（注3）、この点をさらに考えてみたい。

ア　アメリカの場合

アメリカの連邦準備券については、「Fed の liability」（連邦準備制度の負債）であり、また「obligation of the United States」（国の債務）であるとすでに述べたが、これに関しアメリカ財務省が面白い説明をしていた（注４）。「連邦議会が連邦準備制度を解散すると決議した場合、国が連邦準備券を引き受けるとともに連邦準備券の担保である資産を引き受ける」という。

結局、連邦準備券の償還については、潜在的には連銀の保有する全財産が担保としてあてることになる。このようにアメリカでは連邦準備制度（注５）を解散した後の連邦準備券の償還まで説明されてきた。

イ　日本の場合

それでは、日銀券の場合はどのようになっているのか。

実は、日銀券の債権債務性を明らかにする、アメリカのような法令は見当たらない。かつての兌換券の時代にはその券面に兌換義務が明記されていたが、現在では日銀券それ自体の実体的権利義務に関する実定規定は存在しない。もし、日本銀行を解散・清算することになった場合には、日本銀行に預金を有する者は債権者としての権利を行使できようが、日銀券保有者のその権利保護は現行法上では未だ規定がないのである（注６）。もちろん、実際にはその次に予定される何らかの貨幣へ転換する立法はなされるであろう。

日本銀行は、どのように説明しているのか。HPでは、以下のように記述されている（注7）。「当初、日本銀行の発行する銀行券は、銀との交換が保証された兌換銀行券でした。……このような銀行券は、いわば日本銀行が振り出す「債務証書」のようなものだといえます。このため、日本銀行は……発行した銀行券を負債として計上しました。……その後、金や銀の保有義務は撤廃されましたが、一方で、銀行券の価値の安定については、「日本銀行の保有資産から直接導かれるものではなく、むしろ日本銀行の金融政策の適切な遂行によって確保されるべき」という考え方がとられるようになってきました。こうした意味で、銀行券は、日本銀行が信認を確保しなければならない「債務証書」のようなものであるという性格に変わりはなく、現在も負債として計上しています」

しかし、その「債務」の内容は明らかにはされていないし、また「『債務証書』の、よ、う、な、も、の、」であり、「債務証書」といい切れないのが気になるところだ。言外に、日銀券は日銀券で償還するから債務と考える必要はないといっているとも考えられる。銀行券の価値の安定については、「日本銀行の保有資産から直接導かれるものではなく、むしろ日本銀行の金融政策の適切な遂行によって確保されるべき」とは、日本銀行の政策遂行上の責任をいっているのであって、日銀券の法的な説明をしているわけではない。日銀券に関し、（今後の何らかの法的整備がなされない限り）日本銀行は必ずしも法的に具体的な償還責任を負うものではないと理解されなくもないのである。

日本銀行の負債ではあるといいつつも、日銀法改正で発行保証制度はすでに廃止されており、「金融政策でうまくやるから、資産内容よりも、日本銀行への信任に任せてくれ」といっていることになる。通常はそれ以上の追及はなされないし、事実、その理解で信用され流通しており、筆者も疑問をもっているわけではない。

もちろん、ここでは限界的な問題を述べているのであって、現状の日銀券や金融政策に問題があるという前提で述べているのではない。

なお、アメリカの財務省が連邦準備制度を解散した場合のことまで触れているのは、おそらく、かつてアメリカにおいて事実上の中央銀行に近い機能を果たした第一合衆国銀行（１７９１年～）、第二合衆国銀行（１８１６年～）がそれぞれ20年という限定存続期間の後に解散した経緯があったからではなかろうか。国の債務たる連邦準備券に政府として最後まで責任を果たす仕組みがあることを示したのであろう。

ウ　そもそも銀行券とは

これまで、中央銀行ではない市中の普通銀行が発行する銀行券も使われたことを述べたが、そもそも銀行券とはいったい何だろうか。

銀行券には、二通りの系列がある。第一は、金匠（ゴールドスミス）が発行した金銀の預り証書でそれが市中に流通するようになったもの。第二は、銀行が発行する持参人払い（すなわち無記名）の定額定型の約束手形である。これらは要求に応じて金貨・銀貨などの正貨を払い出すので、銀行払出し準備が必要とされる。ところが、金銀などの準備がなくても、たとえば金禄公債証書（秩禄《ちつろく》が廃止されたことに伴って士族に与えられた公債）や国債を担保にして銀行券の発行が認められるようになり、その場合、窮極には何を払い戻すことになったであろうか。不良債権の累増などにより取付け騒ぎが発生して払戻しができない場合には、銀行が潰れる、清算される、残余財産が分配される、となるはずである。しかし現実的には公的資金の投入がなされたり、他の有力銀行が債権債務共に引き継いだりすることが多いだろう。実はこれらの救済策が債務としての銀行券、銀行預金の本質を追究することを逸らしてきたとも考えられる。そのことは同時に、経済社会における貨幣のさほどまでの重要性を表しているとも考えられる。

ベースマネーたる中央銀行券と中央銀行預金はどうであろうか。預金はおそらく預金契約として私法的な関係で理解できるとしても、中央銀行券はすでに「法貨」であるからそれ以上の分配は期待しえないと考えるだろう（注8）。しかし、ここで考えるべきは、そのような形式的なことではなく、償還を求められるような状態になったときの中央銀行券の実体的な価値は何によるのかをはっきりさせることだ。信頼の源はそこにあるはずであろう。

(3) 財産的基礎の重要性

貨幣の交換価値についていえば、商品貨幣はその本位商品の属性に対する評価で、本位貨幣（兌換券）は本位となる金属などに対する評価と兌換責任を負う発行体に対する評価で、それぞれ担保されようが、債務性の信用貨幣はいったい何が担保するのであろうか。おそらく、総体的評価で担保されるとしかいいようがないであろう。そのことについて、日本銀行HPでは、「信用貨幣を支える3つの仕掛け」として、①発行者の健全性、②お金の価値の安定、③強制通用力を挙げている。これらは信用貨幣に限らずあらゆる貨幣についていえることであるが、3つのうちの「価値の安定」は結果的にそうなるものであり、「強制通用力」は実質価値が伴わない限り人々は信用しない、さらに「発行者の健全性」とは結局、発行体の保有する資産（潜在的な資産調達力も含む）そのものの健全性ということにならざるを得ない。貨幣の債務性について「単に債務であるに過ぎなかったものが本来の貨幣になったときには、それはその性質を変えてしまっており、そしてもはや債務と見做されるべきではない」ということで、「当該貨幣の償還は当該貨幣による償還で行う」（すなわち、信用貨幣ではあるが債務性はない）という制度をとったとしても、負債と資産のバランスは基本であり、やはり担保保証的な考えがないがしろにされてよいわけではなく、十分な財産的基礎が必要である。政府発行の硬貨についても貨幣回収準備資金が法定されていることとの権衡からみても当然である。

兌換紙幣や銀行貨幣（預金を含めて）が債務性を帯びることは明らかであるものの、償還責任を負わない現在の中央銀行券や政府貨幣のような法貨について考えてみると、厳密には、法的な債務はないのかもしれない。しかし、法廷で争えずとも、発行体として中央銀行や政府が実質的な責任をとるべきことはいうまでもない。

とすると、このように物理的にも法的にもまったく性質の異なる一連の貨幣が「貨幣」たりうるのは、なぜであろうか。そこには、「商品や債務にも共通して認められる財産的な価値」を社会的に交換力としての貨幣的価値（一般的受容性）であると共通認識する作業が行われたからであると考えるより他にはない。その作業とはどのように行われるか。

最も簡単な例は、銀行の信用供与である。銀行は個別的な証券購入・貸付と同時に預金を創出する。中央銀行は個別銀行から提供される資産を担保として銀行に資金を供与し、中央銀行券を発行する。個別銀行の資産は、信用供与先が扱う商品や債務であって形態・内容・責任の所在など、実に多種多様なものに基づくものであり、それぞれをみれば個性も強いが、共通する財産的価値が見出されるものである。それは一般的な交換価値への転換の作業過程であるといえる。商品貨幣としての金は、単に金であるがゆえに貨幣であるのではない。これらの過程を経て、「社会的な交換力」と共通に認識される貨幣がつくられる。もちろん、共通認識されるには、共通認識に至るに資するような様々な材料・仕組みが構築・工夫されてきた。

ここで1つ言及しておくべきことがある。それは、「貨幣が貨幣となるのは、他人も受け取ってくれると予想するから、誰もが貨幣として受け取る」という貨幣の自己循環論法との関係である。貨幣がうまく現象的に描写されている表現である。ただし、そのような循環が実現するのは、予想が常に実現するような貨幣の基礎を担保する価値と制度的な仕掛け・工夫が基底にあるからであって、それがなければ貨幣は貨幣たりえない。自己循環するには、すでに述べた満たすべきいくつかの条件と実務的で現実の使用に耐えるべき工夫や仕組みが整わなければならない。さほどまでしてやっと貨幣となりうる。

ここで、代表的な貨幣である日銀券を取り上げて、その本体である「交換力」（価値）を試験的に抽出してみよう。

(4) 日銀券の覆いと「貨幣の本体」

ア 日本銀行に引渡し前の日銀券

日銀券には、アメリカの連邦準備券やかつての兌換日銀券などと違って、償還（redemption）に関する文言も規定もなく、「日本銀行が行う損傷現金の引換えについて」の扱いが用意されているに過ぎない。

一般的には、貨幣を外形的に覆っているものを1枚1枚剥いでいくと、有体物はすべて消えてゆき、最後に残るのは、観念的な「交換力としての価値」である。多くの場合、その「交換力としての価値」は覆っているものと一体化していることが多いので、覆っているものが消えると同時に消滅するかのようにみえることがある。

たとえば、日銀券は物理的に消失するとそれがもっていた「価値」も同時に消失すると説明されよう。しかし、物理的な紙が消失したことと「価値」の根拠が消失したこととは別のことであって、ただその2つの事象が同時に起きたと擬制しているだけではないだろうか。国立印刷局の倉庫にある引渡し前の未発行日銀券が消失することと、その後日本銀行から発行された日銀券が消失することとは、まったく別である。物理的な存在と観念的な金銭価値を意図的に一体化したに過ぎず、紙が物理的に消失したとしても、制度的に日本銀行が負うべき金銭価値の存在が立証されるならば、その金銭価値は復活させることができるという仕組みをつくればはっきりしてくる。それを考えてみよう。

イ　貨幣の容器と貨幣本体との分離可能性

《有価証券の除権》

現行の日銀券は基本的に有価証券の1つである。一般的に、有価証券は、たとえば手形や小切手に関し公示催告・除権決定制度（注9）があることからみても、紙とそれに一体化された権利とは原理的に分離されうるものである。有価証券という仕組みは、ただ世の中の取引の効率性を担保するために作為的に権利と証券を一体不可分ということにしているに過ぎない。権利や義務といったものは一般的にそのようなものであろう。目にはみえずとも社会的には認知されうる。ただその証拠が求められるだけのことである。その証拠となるものは技術的につくられる。

現行の除権決定は、「盗取され、紛失し、又は滅失した有価証券のうち、法令の規定により無効とすることができるもの」が対象とされ（非訟事件手続法114条）、すべての有価証券がその対象となるわけでもない。いわゆる金券（表示されている金額に応ずる価値を法的に有するとされているもので、たとえば、商品券、収入印紙や切手など）は除権決定の対象とされていない（金券はそれ自体が金銀と同様の有体物として扱われるということか）。紙幣については、かつての兌換日銀券は、金貨と交換できる権利を表章していたので、金銭債権的有価証券と考えることができた。しかしながら、現在の兌換停止銀行券は何らの請求権も表章していないので、有価証券とはいえない。これは、不換政府紙幣と同じく、一定の紙面に法が付与した強制通用力にその価値を有するとみる他はないので、紙幣の物理的消失とともにその価値も消滅する。したがって、現在の紙幣は金券に属すると考えるべきと説明される（注10）。現行法制の理解としてはそのとおりであろう。

《日銀券を除権する》

しかしながら、「発行体（債務者）」と「正当な権利をもっていた証券喪失者（債権者）」の関係を考えると、「正当な権利をもっていた証券喪失者」の権利が証券喪失によって滅失するというのは、単に法的擬制によりそのような仕組みにしたというに過ぎない。貨幣における紙と権利の分離可能性がそもそも否定されるべきものではなく、本来的に権利が滅失すべきものでもないのではないか。たとえば、すべての日銀券には記番号が記載されているので、当該喪失者がそれらの記番号をすべて掌握し（注11）、かつその記番号の日銀券をもつ第三者がいないことが立証できるのであれば、除権手続きと同様の手続きを踏んだうえでその記番号の日銀券を除権して、日本銀行が再交付することは考えられないわけではない（注12）（ＣＢＤＣの場合、技術的にも容易に実現できるであろう）。これは技術と立法上の問題に過ぎず、紙幣という形をとっている貨幣は、本来的に権利（価値）と紙の分離可能性が当然に排除されるものではないことを示唆している。紙の証券から分離された貨幣そのものの「権利（価値）」こそが「貨幣の本体」といえるであろう。

そもそも日本銀行が発行したところの日銀券にある「権利・価値（所持人からみて）」は、もし（日本銀行に預金勘定をもっている）金融機関がそれを日本銀行に持ち込んだならば、当該金融機関の日銀預金になりうるものである。だから、もし個人が日本銀行に預金口座を開設することができるならば、日本銀行への預金となっているはずのものである。とするならば、日銀券の喪失は、普通銀行の預金通帳を喪失した（しかし預金債権は残る）ことと変わらないことになる。再発行を請求できる根拠となる原権限（権利）は存在すると考えられ、その原権限が「窮極にあるもの」と密接な関係にあるはずである。すなわち、紙の証券から分離されたこの貨幣の「権利（価値）」とは、この経済社会における一般的な交換可能性とされる力であり「貨幣の本体」であるから、その力を現実の力たらしめているところを考究すれば、より「窮極にあるもの」に近づくことになる。

そのような「貨幣の本体」（日銀券や日銀預金の場合には、日本銀行が提供する交換力としての債務）は、それ自体は人間社会における一般的な「交換力としての価値」であるが、目にはみえない抽象的観念的なものであり、そのまま定型的に流通・移転させることは容易ではない。何らかの手段と一体化されて（「容器」に入れて）初めて、具体的に管理可能な貨幣となる。これまでの貨幣の歴史は、そのようにたどってきたといえる。

《デジタルマネーの容器と価値》

これまで「貨幣の本体」が収納される貨幣の容器として紙や預金をみてきたが、デジタルマネーの容器（記録される電子信号）についても触れておきたい。紙や銀行預金の取扱いと比較してデジタルマネーは、支払い手段としての利便性（分割可能性、送金手続き、コスト、迅速性など）

が優れている。さらに、デジタルマネーは利用者のみならず利用目的、日時などが記録として残り、当事者の情報収集手段としても有用である（漏えいのリスクは別として）。

デジタル化されると「貨幣の本体」と容器の分離は困難になるが、本質的にはデジタル信号と「貨幣の本体」が別に存在することに変わりはない。デジタル化された新しい容器は取引情報とほとんど一体化して経済価値を生み出し、特に発行側や管理側にとってインセンティブとなることが予想されるので、今後さらに広がるであろう。それは、民間デジタルマネーであろうと、CBDCであろうと同じである。

(5) 「貨幣の本体」と「貨幣の窮極にあるもの」

ア 「貨幣の本体」と交換力

商品貨幣は、商品のその時々の市場価値によって価値が決まり、その属性価値そのものを交換力としての「貨幣本体」として貨幣に転化させたものであり、したがって商品そのものが滅消失すれば「貨幣の本体」も一緒に消失する（注13）。

一方、信用貨幣は、人々から圧倒的に信用される主体が、貨幣に関する法的・制度的な整備のもとで交換価値を提供する債務を負い、その債務（信用）を「貨幣の本体」として紙に転写したものである。その債務は、貸出や証券などの取得と見合いに発行される。いくつもの色々な層を経て形成された経済財産的な債権債務関係を貨幣として転化させたものである。その実体的関係が残っている限り、証券が滅失しても誰かが負っている債務（他方からすると債権）は消えることなく、「貨幣の本体」は残っていると考えることは可能だろう。現在の日銀券のような貨幣は、今のところの法制度上は致し方ないとしても、本質的なところでは、そのような「貨幣の本体」を紙に転写したものであるから、紙が滅失しても制度的に「貨幣の本体」は残ると考えることができる。この意味で中央銀行デジタル通貨（ＣＢＤＣ）は「貨幣の本体」を人々が直接に扱う仕組みとなりうる。

そもそも、日銀券は、貸付債権等のような資産と引換えに発行され（貸付債権等は資産側に記帳される）、それと同時に負債側に記帳される。現行法の理解としては、日銀券が物理的に滅失した場合、金券であるから（仮にそれらの日銀券の記番号が特定できるならば）負債側の減額が行われるべきである（実務的にどのように扱われているのかは知らないが、おそらくそのようなことはしないだろう）。とすると、日本銀行には資産だけが残ることになり、結局、日本銀行に実質的な特別利益が発生すると考えられる（注14）。しかし、このような場合には、本来は日銀券の所有者に権利回復を認めて交換力を帰属させることが望ましく、仮にそうしても社会的な損失は発生しないはずである。「貨幣の本体」を容器と別に考えれば、このような合理も生まれる。

イ　信用と履行約束

それでは、「貨幣の本体」となる信用（債務）とは何か。それは、債権債務関係をはじめとする経済的価値の提供の履行を確実に行う約束である。「履行前であっても履行の確実性に何らの疑いがなければ、約束そのものを履行の結果実現する価値と等しい価値があると考えられる」信頼される履行約束が、貨幣における信用である。結果としても、その約束の対象となっている何らかの財産的価値のある財・サービスなどの提供や債務弁済が時間を置いて（場合によっては任意の時間に）実行・実現される関係が必要である。ここでは、貨幣を論じ、支払いを念頭に置くから「（価値のある財・サービスを提供する）履行約束」としよう。

この約束が貨幣となったということが意味するのは、「履行は後日にならないとなされないが、現時点でその履行約束の確実性が信じられ、その確実な約束そのものに価値を見出して、その約束の一方の当事者になる（その立場を継承取得する場合も含む）というだけで、対価としての価値を入手したと観念できる。さらに、それが一般的に受容される価値である場合には、その約束を第三者である取引相手に交付することで（交付を定型化するための仕組みは別途必要）、当該取引は最終的に決済された（すなわち、その約束の履行を待つことなく、現取引を完成させた）と共通に理解される」ことである。それほどに、「履行約束」が確実であると信用されることが前提となっている。「履行約束」自体も、次々と新たなる「履行約束」へと変身していく。したがって、マネーの範囲は一義的には決まらないことになる。

簡単な例を考えてみよう。

●（第1ケース）

Aは B に対して後で何らかの等価物（債権でもよい）を渡すことを約束してBのモノbを欲しいという。BはAの後日払いの約束を信じて、モノbを渡すかどうか（仮に渡したとしても、AとBの取引は未だ完結していない状態）。

●（第2ケース）

Bは、Cに対して後で何らかの等価物を渡すことを約束して、CのモノCを欲しいという。CはBの後日払いの約束を信じてモノcを渡すかどうか（仮に渡したとしても、BとCの取引は未だ完結していない状態）。

●（第3ケース）

Cは、Aに対して後で何らかの等価物を渡すことを約束して、Aのモノaを欲しいという。AはCの後日払いの約束を信じてモノaを渡すかどうか（仮に渡したとしても、CとAの取引は未だ完結していない状態）。

現実の世界では、このA、B、Cのような需要供給となっているので（二者関係ではないという意味で）、物々交換はそもそも実現しにくい。A、B、Cの履行約束もそれぞれの資力や人物が異なるので個別性が強く、そのままでは確実ではないから、（よほどの信頼関係がない限り）このような個別的な信用に依拠した取引も実現しにくい。

仮に、第2ケースにおいて、BのCに対する支払いに第1ケースのAの履行約束をあてるとしてもやはり同様の問題はあるが、Aの履行約束が当該社会において極めて信頼されている場合にはそれが可能になるであろう。このとき、Aの履行約束は「貨幣」になりうる。

ウ　個々の履行約束が「貨幣の本体」へ転化する過程

個々の履行約束が「貨幣の本体」へ転化する過程では、個別の個性の強い「履行約束」を「一般的に受容される交換価値」に変換する仕組みが出てくる。その仕組みの中心では、当該社会において極めて信頼される主体（たとえば統治者、政府、中央銀行、銀行、有力者などの資力と能力のある者）がその変換作業を行うことになる。この変換作業は、個々の履行約束を買い取り、または担保とすることにより「一般的に受容される履行約束」を発行するという転換作業であり、発行体のバランスシートには「個々の履行約束」を保有資産とし、それを見合いに自らの負債となる「一般的に受容される履行約束」を発行することになる（実際の変換作業としては、「個々の履行約束」が「一般的に受容される履行約束」に至るまでには、いくつもの複層的な経済取引関係を経る必要がある）。この「一般的に受容される履行約束」とは、それこそ、社会一般的に承認された「交換価値（交換力）」であり、「貨幣の本体」である。この時点で、「一般的に受容される履行約束」は、それを交付すること自体が「決済完了」の効果をもつことになる。現在の日本における「一般的に受容される履行約束」は、日本銀行による「履行約束」（信用）であり、日銀券・日銀預金の形をとり、さらにそれがベースとなり普通銀行預金などの貨幣になっている。

もちろん、「個々の履行約束」の期日が到来したときにその債務の履行が行われなければ「一般的に受容される履行約束」も実質的に毀損することにつながることはいうまでもない。

たとえば、Aのモノaを買ったCが「履行約束」をAに振り出し、「一般的に受容される履行約束」の発行体であるXがそれを買い取って「一般的に受容される履行約束」に転換して「一般的に受容される履行約束」を発行したとする。後日になってもCが履行できなかった場合、Xのもつ Cの「履行約束」は、経済的価値が無になる。X発行の「一般的に受容される履行約束」も財産的基礎を失うことになりそうだが、通常、XにはCの「履行約束」以外に経済的財産もあるので、Xの発行した「一般的に受容される履行約束」そのものは価値を失わない。しかし、Cのような「履行約束」の不履行が多くなり無視できなくなれば、危うくなる。いわゆるバブル崩壊後の不良債権問題が発生したときには、金融危機等だけではなくて信用危機といわれたが、まさに貨幣危機でもあった。

(6) 貨幣の窮極にあるもの

ア 履行の約束と遵守

以上をまとめると、貨幣となるXが発行した「一般的に受容される履行約束」は、その窮極に「個々の価値提供の約束の履行」があることになり、我々が「約束を遵守する」という平凡ではあるが決定的に重要なことがその窮極にあるということになる。「個々の履行約束」には、個人、企業はもちろん、最重要な約束として政府による「約束」も当然に含まれる（注15）。貨幣の大宗を占める普通銀行預金も社会の多様な約束などの資産に裏付けられ、また中央銀行預金もそれらの多様な約束を基礎にする「より優良な履行約束」という資産を裏付けとしている（注16）。

言い換えれば、現在の貨幣についていえば、「一般的に受容される履行約束」という社会一般的に承認された「交換力としての価値」が「貨幣の本体」であり、その「本体の貨幣」の「窮極にあるもの」、それは最終的には人々の個々の約束遵守であり、その確実な実行は諸制度（事実上のもの、法的なもの、政治的なもの、文化的なものなど多方面にわたる制度）によって担保され、支えられているということになる。

図表6－1は、「貨幣の窮極にあるもの」を詰めていく作業を示している。また、優良債務者（X_1）から末端の債務者（X_{n+2}）につながる債権債務関係（財産権的請求権の関係）は一国の経済そ

図表6－1 「一般的に受容される履行約束」から「個々の履行約束」まで

中央銀行券保有者	→	中央銀行
中央銀行	→	優良債務者（X_1） （政府、銀行、優良企業など）
優良債務者（X_1）	→	X_1に対する債務者（X_2）
X_1に対する債務者（X_2）	→	X_2に対する債務者（X_3）
…		…
X_nに対する債務者（X_{n+1}）	→	………………（X_{n+2}）

のものであり、資産負債構造である。法的にはそれぞれの債権債務関係は独立したものではあるが、実体的な経済関係にあっては、事実上の相互の償還関係を担保するものでもある。中央銀行券は中央銀行がその価値の維持に責任をもつが、実は窮極には個々の債務者の債務履行に行き着くのである。債務履行を担保するのはすでに述べたように事実上のもの、法的なもの、政治的なもの、文化的なものなど多方面にわたる社会的な諸制度である。「個々の履行約束」はあらゆる経済活動を構成するものであるから、貨幣は「総体としての商品（財・サービス）との交換関係を表すもの」ともいえよう。

　自分を含めて承認しあった交換力を使用することは、経済主体が約束遵守という行動をとることであり、自分を含めて経済主体が約束遵守することが交換力の源泉であり交換力を発現させているのではなかろうか。「貨幣たらしめる」その基盤は、個々の経済社会の主体の行動にあるということになる。

なお、ここで、商品貨幣でもなく中央銀行貨幣でもない有力な貨幣として、政府紙幣を語らなければならない。政府紙幣の「貨幣の本体」は、政府による「価値提供する履行約束」である。その約束は政府への信頼、政府への信頼は政府の約束の確実性、約束の確実性は国民自身の自己信頼、その自己信頼は生産活動と納税に帰着し、その窮極には国民自身に対する自己約束という意思がある。自己約束は他者に対する約束よりも確実性は低いのが通例と人々は知っている。政府紙幣と中央銀行券との違いはそこにあるのかもしれない。

商品貨幣の場合、「個々の履行約束」ではなくて物理的に存在する商品実物そのものとしての価値を受け渡すことで決済されるが、「窮極にあるもの」が「実物という形態の容器」に入っており、それらは切り離せないというだけのことである。量的な限界もある。もちろん、実物との兌換を約束する形の「一般的に受容される履行約束」も存在してきた。ただ、その場合にはすでに約束という信用が入っていた。また、実物との兌換までは行わないが、「一般的に受容される履行約束」を他のもの（たとえば土地など）の価値で裏打ちする場合もある。実物貨幣と信用貨幣の間には様々な濃淡がある貨幣が存在してきて、現在の形の信用貨幣が多く採用されるに至ったものである。今でも、様々な貨幣が新陳代謝を繰り返している。

実は、以上に関連するがここまで避けてきた問題がある。それは、かつて流通した渡来銭やビタ銭である。それらの貨幣本体が何であったのか、どのように説明できるのかということである。金銀ならば問題とされないが、銭となれば説明しにくいのである。金銀にすれば価値があることは疑問にされずに、（銅）銭になるとその価値を説明しづらくなるのか。「素材価値」と「貨幣となった銭」の価値の違いをどのように説明するのかといった疑問が残る。しかし、畑でとれたばかりの大根とおでんとして出された大根では経済価値が異なるのは普通であり、渡来銭やビタ銭については信用貨幣というまでもなく、その時代に人々が素材価値とは別に商品価値というべきものを見出してそれを貨幣として扱ったと考えることで足りるのではなかろうか。

イ 「窮極」についてどこまで考えるのか

実は、この点が最も悩んできた点である。現在の貨幣に関しては、人々の「履行約束（遵守）」が「貨幣の窮極にあるもの」であると述べたが、それは約束の履行に何らかの価値があると認めることを前提としている。それではその約束の履行に価値がある理由はなぜか。それは、履行により何らかの財・サービスなどの給付を受けて、それに効用を見出し満足するからであろう。商品貨幣にしても信用貨幣にしても（さらにはビットコインにしても）、何らかの価値を認めるから価値があることになる。

とすると、人々がなぜに価値を認めるのか、という問題に答えなければならなくなる。さらに、効用や満足を得ることに価値を認めるのはなぜか、という問題になる。

しかし、そのような問題は貨幣の問題というよりは、価値論一般の問題であって、むしろ哲学的な色彩を帯びることになるのではなかろうか。衣食住にかかる財・サービスから芸術、美術に至るまで、世の中のあらゆる価値に共通する根源的な問題となる。そこで、何らかの価値が生まれて1から10、あるいは１００への発展、すなわち価値の貨幣化への転換について考えることとし、ゼロから1の価値生成という根源的な問題については横に置かざるを得なかった。その根源的な問題は哲学者へ委ねたい。

二者間の約束が当該2人にとって価値があるとしても、社会を構成するすべての第三者によって受容されるようになって初めて、当該社会における貨幣へと転換したことになる。2段階の思考として、第1段階で人々が「何らかの価値を認めた」その直後から第2段階の「その価値が貨幣となりうる」価値として工夫・仕掛けにより「容器」に入れられて貨幣となるまでを考えることとした。すなわち、「貨幣は貨幣であるがゆえに貨幣である」というような議論をしようというのではない。

ここでは、貨幣の窮極にあるものとして、「(価値を提供する) 履行の約束と遵守」を見出したのであるが、それはあくまでも約束を履行することにより実現される財・サービスに人々が価値を認めるからであり、「認める」その理由を明らかにすることは本論の範囲の外となる。したがって他に、時代と社会によっては、価値があるとして金銀などの商品そのものが貨幣とされる

図表6－2　貨幣の窮極を考える枠組みとフィルター（概念図）

価値あるもの	誰による約束か	容器	社会制度など
最も受容される履行約束 （例）日銀券 **一般的に受容される履行約束**（現実の貨幣）	中央銀行 政府 銀行　など	券、金属、預金、信号など 預金	貨幣の4次元と5条件を満たすかのフィルターを通す ＊フィルターを通るための仕組み、工夫、制度を構築
↑			
徐々に広く受容される履行約束（個々の取引の複層的積重ね）	共同組織 有力企業 有力者　など	契約書 手形、社債 保証、電子マネー など	＊フィルターも時代と地域で変化する
↑			
個々の取引における履行約束 （例）商品提供約束 運送サービス提供約束	個々の取引者	契約書 など	「履行約束」は何らかの約束を履行することにより経済的価値を提供する約束
↑			
財・サービス **財産処分権、課税権など** （例）商品（金銀・米など） 運送サービス	個々の取引者 （商品のなかには、約束を必要としないものもある）	契約書 口頭契約	財・サービスごとの性質、属性をみる

※商品のなかには、金のように、誰かの約束を待つまでもなく、それ自体が貨幣になりうるものもある。

ことは当然にありうる。

3 貨幣は我々にとって所与ではない

現在の管理された貨幣をみると、次のようになろうか。

個性の強い「個々の履行約束」という貨幣の窮極にあるものをもとに、経済社会における「一般的に受容される履行約束」へ、それをさらに具体的な貨幣として転化させてきたが、そのためには、社会的な（事前または事後の）合意の存在が前提であって、貨幣は当然に「個々の人の行為を含めた社会的な存在」であるといえる。

しかし、「貨幣の窮極にあるもの」が存在するからといって、それ自体そのままで貨幣となるのではない。それを「貨幣の本体」となるべく一般価値化して、さらにその一般価値化されたものを人々が管理可能なものにするとともに、4次元の交換機能（何にでも、いつでも、どこでも、誰でも）を果たさせ、そのために必要な5条件（確実性と実効性、価値安定性、取引効率性と利便性、需要に見合った量の可用性、真正な権利者の公示性）をクリアするための仕組みを整えて初めて現実社会で使われる貨幣となるのである（社会がデジタル化して、貨幣も大きく変容するなかで、4次元・5条件が変化が求められる可能性もある）。そのような仕組みが存在・機能することで費用や諸課題が生じるとしても、それをはるかに上回る社会的効用をもたらすようなシステムであるように仕組むことになる（注17）。これら全体のなかにおいて、「貨幣の本体」が単位設定され名称を付けられ何らかの容器に入れられてシステムとして具体化されて初めて、現実社会での貨幣となるのである。というのも、人々が「個々の履行約束」をなしても、世の常として、そのなかには自然災害などの不可抗力やその他の理由で履行されず未済で終わってしまうものが必ず出てくるものであるから、全体として持続耐性のある総合的なシステムとする必要がある。

繰り返すことになるが、容器から切り離された「貨幣の本体」とその「貨幣の窮極にあるもの」だけを追求していっても現実的ではない、また容器（素材）と現実だけをみても本質を見逃すことになる。貨幣は社会的に現実的に機能することが常に求められるから、「貨幣の窮極にあるもの」と「そこにある事実としての貨幣」との関係を、貨幣をつくり貨幣を動かす力も認識しながら考える必要がある。

また、「貨幣の窮極にあるもの」が「人々の約束遵守」にあるならば、経済は普遍化しても、文化、言語、生活領域の特殊性をもつ社会のうえに成り立つから、貨幣の議論は「すべての人間をホモエコノミクスとして単質化」して行われることは避けなければならないとも思う。貨幣は歴史的に人間活動そのものの変化・変遷を反映してきた。それが、我々が日常目にして使う貨幣となっている。

人々は、積重ねを経ることにより、お互いに信頼と不信を存在させながらも、承認と合意により抽象的・観念的な「交換可能性」を工夫と仕組みの装置・システムとして現実化させてきた。それが貨幣である。

＊　＊　＊　＊　＊

人間は、自ら生産する財・サービスを物的に時間的に空間的に他者と交換する（社会をつくって役割分担・協業する）ことで生きる。日常の生活においては、それぞれ働いてその対価を貨幣の形で得て、それを支払いの道具として生活に必要なものを入手することにより暮らしている。

知恵をめぐらし、交換可能性・力を考え出し、それを貨幣として具体化してきた。貨幣は、人為の所為《しょい》であり、我々にとって本質的に必ずしも所与（given）ではなく、歴史的にも様々な工夫を積み重ねてきて存在してきたものである。現在の「貨幣の窮極にあるもの」は、約束でありそれを遵守することである。それは人間社会の基本的なルールである「Pacta sunt servanda」（合意は守られなければならない）である。この基本ルールは、倫理、道徳、慣行といった社会制度、さらには法制度や秩序があって機能する。また、その約束遵守が貨幣となるまでには実に多くの工夫、仕組み、制度構築がなされてきており、それは政府民間合わせた経済社会の構成者による共同作業によるものである。

人間は、基本的には生存し子孫を残すため、さらによい生活を送るために、貨幣を用いることで経済活動を大いに発展させてきたが、未だに課題も多く、貨幣の使用がすべての人々を幸せにしてきたかと問うと必ずしもそうではない。また、貨幣をすべてコントロールできているわけでもない。インフレやデフレなどの貨幣的現象が幾度も生じて翻弄されてきた面もある。人がつくったものは往々にしてそのようなものではあるが、今後も社会の変遷、時代と人の要請、技術の発展などに応じて、常に問題を抱えつつも、交換可能性・力をいかに具体化するかという人知が尽くされ続けることになる。

（注1） ケインズは、「貨幣論」において、「計算貨幣（money of account）、すなわちそれによって債務や価格や一般的購買力を表示するものは、貨幣理論の本源的概念である」と書いている。

（注2） 実際、ＦＲＢ制度設立検討時には「federal reserve treasury note」という用語が用いられていた。

（注3） この点に関して、ケインズは、銀行貨幣に関して「ある特定の種類の銀行貨幣が本来の貨幣……に転化させられる。しかしながら、単に債務であるに過ぎなかったものが本来の貨幣になったときには、それはその性質を変えてしまっており、そしてもはや債務と見做されるべきではないのであって、その理由は、それ自身以外の他の何かあるものをもって支払いを強制されるということが、債務の基本的性質であるから」としている（「貨幣論第1」第1章-3）。

（注4） この説明はhttps://www.treasury.gov/resource-center/faqs/Currency/Pages/legal-tender.

aspxにあったのだが、現在はアメリカ財務省のHPでは見当たらなくなっている。他のHPで今も残っている例がある。

（注5）連邦準備制度は全体として中央銀行とされているが、連邦準備制度理事会については、an independent agency of United States government（国政府の1つの独立機関）とされている。

（注6）日銀法は「日本銀行の解散については、別に法律で定める」（60条1項）としているが、「日本銀行が解散した場合において、その残余財産の額が払込資本金額を超えるときは、その超える部分の額に相当する残余財産は、国庫に帰属する」（60条2項）と規定するのみである。

（注7）日本銀行HP「銀行券が日本銀行のバランスシートにおいて負債に計上されているのはなぜですか?」（https://www.boj.or.jp/announcements/education/oshiete/outline/a23.htm/）による。

（注8）法貨としての中央銀行券は、「リスクフリー」といわれるが、本当に「リスクフリー」なのか、その根拠は何なのかを追究していくことが重要と考えられる。

（注9）法務省のHPでは、たとえば、震災で手形・小切手をなくした場合に、裁判所の公示手続きを経て、一定の期間内にその権利を争うものがない場合に、裁判所がその手形・小切手を無効とする除権決定をすると、手形・小切手を所持していなくとも支払いを受けることができる、と説明されている。日銀券についても法的手当がなされればまったく対応できない制度ではないのではないか。

（注10）金券に関しては、丹羽重博「有価証券の喪失」による。

（注11）中国では、記番号認証機能をもつATMが稼働し、受取明細に記番号が印字されるものもあると聞く。

（注12）このような仕組みは、日本にとっても実は現実的な意味がある。広域の大災害が起きて現金が一斉に滅消失した場合、日本銀行のバランスシートをまったく毀損することなく、財政支援ではなく、日銀券の再交付という手段をとるということは可能ではなかろうか。銀行預金との均衡もとれる。

（注13）　ビットコインのような暗号資産（仮想通貨）は、商品貨幣と同様に考えることができよう。

（注14）　津波や大火事などの大災害が発生してそこにあった日銀券が消失・消滅すれば、日本銀行には実質的には特別利益が生じることになる。

（注15）　政府の履行約束には、法貨による租税収納約束や租税徴収権などもある。古代の和同開珎にしても、使用を督励しただけではなく、銭による禄、蓄銭叙位、調庸の銭納など、政府の債権債務を基礎としていた。荻原重豪が「貨幣は国家がつくるから瓦礫でも貨幣とすることができる」といったとされるが、これも単に貨幣高権だけではなく、租税徴収権とその行き着くところにある国民の税納付の履行があるからこそである。

（注16）　日本銀行の資産項目をみると圧倒的に国債が占めているが、かつては対民間銀行貸出や買入手形が多くを占めていた時期が長かった。もちろん、資産のなかには「履行約束」ではない貴金属もあり、土地さらには株などのエクイティもあり、それらが貨幣の発行や償還のもとになることは否定するものではない。かつては貴金属が主流であった。しかしながら、現代貨幣の本質と伸縮性を支えている主たる柱は、やはり様々な「履行約束」である。

（注17）　銀行預金が貨幣（マネー）となるのは、法貨での払戻しの確実性と他者への移転可能性が確立されているからである。窮極にある価値が多くの社会的工夫・仕掛け・装置によって現実の具体的貨幣とされているわけで、現実の貨幣の窮極には、価値と装置の両方が存在するといってもよいであろう。

おわりに

「貨幣」に関して書こうと思ったのには、いくつかの契機がある。

第一に、学生時代に国際通貨制度、特にドルの金交換停止が世界中に大きな影響をもたらしたのを学んだことである。アメリカが一方的に金との交換を停止することができたこと、金との交換が停止されてもドルは国際基軸通貨として使われていること、しかし為替レートでみると各国の貨幣価値が短期間のうちに大きく変動することが不思議でならなかった。その仕組みを調べていくうちに、「貨幣」はどこから来るのだろうか、誰がその価値を決めるのだろうか、もしくは決まるのだろうか、貨幣のもともとには何があるのだろうなど、素朴な疑問をもったものである。

大学を卒業して財政や金融などに関する仕事をするなかで、1990年前後のブリュッセル駐在中に、欧州統合における通貨統合の本格化の動きを調査追跡することがあった。極めて前向きなEC（今はEU）担当者たちと議論してみて、国家の統合以前の財政統合を伴わない通貨統合の意味を考えたりしたものである。その後、実際にユーロという通貨が現実化。そして若干の混乱も起きた。

第二に、かつての職場で、貨幣に関する法制度の企画や実際の発行、いわゆるお札、日銀券の改刷を担当することになったことである。貨幣製造や回収制度、日銀券の偽造対策と新券の企画、記念貨幣の発行など、関連法の改正及び実務的対応に携わることになった。

そこで、いくつもの疑問をもった。国立印刷局で製造した1万円札は、日本銀行には1枚あたりわずかな価格で引き渡され、日本銀行から発行されるときには1万円の価値があることになる。日銀券と硬貨との関係など、自分たちで企画立案したものではあるが、不思議ではあった。お金の制度を企画立案することが職務であったから、仕組みのことは詳細まで承知していたが、されど、疑問がすべて解消していたわけでもない。「神秘性」は感じなくとも、不思議なものとしての「お金」感は残った。それでも、人々は日本のお金を信じて日々使ってくれているのである。その緊張感と不思議感は、おそらく、「お金」というもの、「お金」というもの自体のそもそもの基本について完全には理解していないという、消化不良感であったのかもしれない。もちろん、本書を書いた今でもそれは残っている。

第三に、近年におけるいわゆる「お金」のデジタル化である。1つには、決済手段のキャッシュレス化であり、もう1つにはビットコインなどの暗号資産（仮想通貨）といわれるものの出現である。これらは世界中の貨幣・通貨制度の企画担当者にとって極めて重大で深刻な課題であり、その結果は、従来の貨幣の偽造といったものとは比較にならない別次元の問題を引き起こす可能性がある、と直感したことを覚えている。「貨幣の容器」と「貨幣の窮極にあるもの」を見極める必要がいよいよ高まってきたと思うのである。現に中央銀行デジタル通貨（CBDC）も検討されるようになっている。

第四に、大学で教壇に立つことになり、自分なりにあいまいなままで放っておいてはいけないと思ったことである。担当科目の準備をしているときに、学生時代の民法の担当教授であった平井宜雄先生が勧められた尾高朝雄先生の「法の窮極に在るもの」を読んだことを思い出し、再び読んでみた。「社会あるところに法あり、社会あるところに貨幣あり」と思っていたところであり、「窮極にあるもの」を貨幣について自分なりに考えてみる必要を感じたのである。これまで、貨幣を世の中に提供するための悪戦（銭）苦闘、貨幣の機能、貨幣制度の仕組み、存在することの影響、歴史等についてそれなりに勉強してきたつもりではあったが、制度を説明できても窮極にあるものがあいまいでは納得できないような気になった。そこで、自分なりの考えをまとめておきたいと考えるようになった。

私は、多くの貨幣論が必ずしも噛み合わないのはテーマとする「貨幣」という言葉・概念を同じくしていないからではないかと思い、はじめに、「貨幣という言葉について」を取り上げて論じてみた。それに続き、交換を主として貨幣の展開・機能、貨幣機能を果たすための条件、具体化するための工夫・仕掛け、貨幣の存在がもたらす諸課題、そして「貨幣の窮極にあるもの」に関する考えを書いてみた。読んでくださった方々からのご指摘を素直に受け止め、貨幣に関する世の中の理解を深めていきたいので、ぜひご意見をいただきたい。

本書の執筆にあたっては、日本銀行金融研究所と同貨幣博物館、丹後郷土資料館の森島康雄氏に多くの協力をいただいた。また、本書の発行にあたっては、津田塾大学から出版助成（特別研究費）をいただいた。ここに厚く御礼を申し添える。

なお、２０２４年度上期に発行予定の新しい日本銀行券（５０００円券）の肖像は、津田塾大学創立者である津田梅子となったことも付記しておきたい。

〈参考文献など〉

尾高朝雄「法の窮極に在るもの」（有斐閣、１９４７年）
古市峰子「現金、金銭に関する法的一考察」（日本銀行金融研究所『金融研究』第14巻第4号、１９９５年）
大蔵省「明治貨政考要」（１８８５年）
日本銀行「マネーストック統計の解説」（２０２１年7月）
J．Mケインズ「貨幣論第１」小泉明ほか訳（東洋経済新報社、１９７９年）
John Law "Money and Trade considered, with a proposal for supplying the Nation with Money"（１７０５年）
楊枝嗣朗「歴史の中の貨幣―貨幣とは何か」（文眞堂、２０１２年）
楊枝嗣朗「貨幣の世界システムの成立」（『立教経済研究』第73巻3号、２０２０年）
楊枝嗣朗「貨幣論の再生」（『佐賀大学経済論集』第40巻第6号、２００８年）
平山朝治「貨幣の起源について」（『筑波大学経済学論集』第55号、２００６年）
古川顕「ジンメルの貨幣論」（『甲南経済学論集』第57巻第3・4号、２０１７年）
古川顕「貨幣の起源と貨幣の未来」（『甲南経済学論集』59（3・4）、２０１９年）
古川顕「イネスとケインズの貨幣論」（『甲南経済学論集』58（3・4）、２０１８年）
古川顕「貨幣論の革新者たち」（ナカニシヤ出版、２０２０年）
Ron Michener "Money in the American Colonies"
Joseph Barlow Felt "An Historical Account of Massachusetts Currency"（１８３９年）

Curtis Putnam Nettles “The Money Supply of the American Colonies before 1720”（１９３４年）
Paul Einzig “Primitive Money In its Ethnological, Historical and Economic Aspects”（１９６６年）
William Graham Sumner “A History of American Currency”（１８７４年）
American Numismatic Society（https://numismatics.org）
Economic History Association（https://eh.net/eha/）
浅羽良昌「アメリカ植民地貨幣史論」（『大阪府立大学経済研究叢書』、１９９１年）
Jameson, J. Franklin “Narratives Of New Netherland 1609-1664”
New Netherland Institute “THE DUTCH AMONG THE NATIVES American Indian-Dutch Relations, 1609-1664”
Nathaniel B. Shurtleff, Press of Willam White “Records of the governor and company of the Massachusetts bay in New England”（２０１０年）
David T. Flynn “Credit in the Colonial American Economy”
William T. Baxter “The House of Hancock Business in Boston, 1724-1775”（１９４５年）
Eric P. Newman “the Early Paper Money of America”（１９９０年）
Federal Reserve Bank of Boston “History of colonial money”
Claire Priest “Currency Policies and Legal Development in Colonial New England”（Yale Law Journal 2001 vol.1 10 no. 8）
シカゴ大学図書館 “Guide to the American Paper Currency Collection 1748-1899”
Nathan Lewis “GOLD the Once and Future Money”（２００７年）

牧野俊重「アメリカ連邦準備制度の成立過程」（『千葉敬愛経済大学研究論集』⑿、1977年）
Harold U. Faulkner "The decline of laissez faire 1897-1917"（1968年）
United States Office of the Comptroller of the Currency "Annual Report of the Comptroller of the Currency"（1918年）
今津勝紀「日本古代の税制と社会」（塙書房、2012年）
三上隆三「わが国の無貨幣時代とその解体」（和歌山大学『経済理論』326巻、2005年）
西川裕一「江戸期三貨制度の萌芽―中世から近世への貨幣経済の連続性」（日本銀行金融研究所『金融研究』、1999年）
森島康雄「貨幣の歴史と虚実」（『丹後郷土資料館調査だより』第6号、2017年）
小葉田淳「中世から近世への貨幣」（中世文学会『中世文学』第15巻、1970年）
高木久史「通貨の日本史―無文銀銭、富本銭から電子マネーまで」（中央公論新社、2016年）
日本銀行金融研究所貨幣博物館「常設展示図録」
津曲俊英「幣制について」（財務総合政策研究所ディスカッションペーパー 07A㉑、2003年）
佐伯仁志「通貨偽造罪の研究」（日本銀行金融研究所『金融研究』第23巻法律特集号、2004年）
オーストラリア連銀"A Brief History of Currency Counterfeiting"（2019年）
金融制度調査会「日本銀行法の改正に関する答申理由書」（1997年）
日本銀行「わが国紙幣制度の源流について―とくに伊勢国山田羽書三百年の歩み」（日本銀行調査月報31⑵、1980年）
日本銀行金融研究所貨幣博物館「日本銀行開業120周年記念企画展「にちぎん誕生」資料」（2002年）

Gerald P. Dwyer Jr. "Wildcat Banking, Banking Panics, and Free Banking in the United States"（Economic Review Federal Reserve Bank of Atlanta）（１９９６年）
黒田明伸「貨幣システムの世界史」（岩波書店、２００３年）
朝倉孝吉ほか「日本経済の貨幣的分析　１８６８－１９７０」（創文社、１９７４年）
井上正夫「東アジア国際通貨と中世日本」（名古屋大学出版会、２０２２年）
井上正夫「平安中期の銅銭流通途絶と使庁権力拡充の問題」（『社会経済史学』66巻３号、２０００年）
井上正夫「11世紀の日本における送金為替手形の問題について」（『東洋文化研究所紀要』第１５５冊、２００９年）
井上正夫「市場と貨幣に対する律令政府の支配力」（『社会経済史学』65巻２号、１９９９年）
フェリックス・マーティン「21世紀の貨幣論」遠藤真美訳（東洋経済新報社、２０１４年）
US Department of Treasury "legal tender" A Treatise on Money
United States. Congress. House. Committee on Banking and Currency "Changes in the banking and currency system of the United States 1913"
日本銀行調査局「レンテンマルクの奇蹟」（実業之日本社、１９４６年）
野村総合研究所「平成29年度産業経済研究委託事業（我が国におけるFinTech普及に向けた環境整備に関する調査検討）調査報告書」（２０１８年）
日本銀行「決済システムの概要」説明（https://www.boj.or.jp/paym/outline/kg22.htm/）
岩井克人「貨幣論」（筑摩書房、１９９８年）
岩井克人「ヴェニスの商人の資本論」（筑摩書房、１９９２年）

Francois Gianviti "Current legal aspects of monetary sovereignty"（Current Developments in Monetary and Financial Law, Vol. 4）IMF（２００４年）
日本銀行「教えて！日銀」(https://www.boj.or.jp/announcements/education/oshiete/outline/a23.htm/)
法務省「手形・小切手をなくされた方へ」（http://www.moj.go.jp/MINJI/minji07_00088.html）
丹羽重博「有価証券の喪失」（日本大学『法学紀要』第54巻、２０１３年）
米国造幣局（https://www.usmint.gov/learn/history）
川口慎二「「貨幣の二重の役割」について：ジンメル『貨幣の哲学』の根本問題」（『広島経済大学創立四十周年記念論文集』、２００７年）
鎮目雅人「貨幣に関する歴史実証の視点―貨幣博物館リニューアルによせて―」（日本銀行金融研究所貨幣博物館『日本銀行金融研究所貨幣博物館　常設展示リニューアルの記録』、２０１７年）
小林延人「近世・近代日本貨幣史の基礎的研究」（日本銀行金融研究所貨幣博物館『日本銀行金融研究所貨幣博物館　常設展示リニューアルの記録』、２０１７年）
東條隆進「貨幣思想から考察した近代日本貨幣システム」（『早稲田社会科学研究』第59号、１９９９年）
寺西重郎「明治期における銀行の成立について」（『一橋経済研究』vol. 30 No. 1、１９７９年）
Farely Grubb "Chronic Specie Scarcity and Efficient Barter: The Problem of Maintaining an Outside Money Supply in British Colonial America（NBER WORKING PAPER18099）（２０１２年）
Mossman, Philip L "Money of the American Colonies and Confederation"（Numismatic Studies American Numismatic Society）（１９９３年）

渡辺健一「貨幣理論の基礎認識」(『成蹊大学経済学部論集』47巻1号、２０１６年)
日本銀行金融研究所「「中央銀行と通貨発行をめぐる法制度についての研究会」報告書」(『金融研究』第23巻法律特集号、２００４年)
Bureau of the Census "Historical Statistics of the United States: Colonial Times to 1970, Vol. 2"(１９７５年)
立脇和夫「わが国の発券銀行と中央銀行」(『早稲田商学』第３９７号、２００３年)
Mann, Bruce H. "Neighbors and strangers: law and community in early Connecticut" (Studies in Legal History)(１９８７年)
Glyn Davies "A History of Money from Ancient Times to the Present Day"(２００２年)
David Glasner "An evolutionary theory of the state monopoly over money"(１９９８年)
村上麻佑子「先史日本における貨幣の展開」(日本思想史研究会『年報日本思想史』17号、２０１８年)
岩橋勝「近世貨幣と経済発展」(名古屋大学出版会、２０１９年)
村田隆三「藩札研究史覚え書き」(『千葉商大論叢』第40巻第4号、２００３年)
日本銀行金融研究所貨幣博物館「企画展　海を越えた中世のお金―〝びた1文〟に秘められた歴史―中世の日本で流通した銭貨―渡来銭―」(２００９年)
日本銀行金融研究所貨幣博物館「企画展　貨幣誕生―和同開珎の時代とくらし―」(２００７年)
佐藤清彦「贋金王」(青弓社、１９９７年)
鹿野嘉昭「わが国幣制の変遷と対外関係」(日本銀行金融研究所「DISCUSSION PAPER 96-J-8」、１９９６年)

田中孝治「調庸帳と我国古代の決算報告制度　調庸帳と勘会と風土記の関係性について」（愛知大学『経営総合科学』第１０８号、２０１８年）

Elwell, Craig K. "Brief History of the Gold Standard in the United States" Congressional Research Service, June 2011

"Journals of the Continental Congress 1774-1789"

カビール・セガール「貨幣の「新」世界史―ハンムラビ法典からビットコインまで」小坂恵理訳（早川書房、２０１６年）

小栗誠治「中央銀行券の債務性と政府紙幣の特質に関する研究」（『滋賀大学経済学部 Working Paper』No. 126、２０１０年）

ペリー・メーリング「21世紀のロンバード街」山形浩生訳（東洋経済新報社、２０２１年）

L．ランダル・レイ「ＭＭＴ現代貨幣理論入門」中野剛志解説ほか（東洋経済新報社、２０１９年）

Markus K. Brunnermeier Harold James Jean-Pierre Landau "THE DIGITALIZATION OF MONEY" NBER Working Paper 26300（２０１９年）

金融庁「Ｇ７による「リテール中央銀行デジタル通貨（ＣＢＤＣ）に関する公共政策上の原則」の公表について」

G7 Public Policy Principles for Retail Central Bank Digital Currencies (CBDCs)

Bank of England "New forms of digital money"

Riksbank "Special issue on the e-krona" The journal Sveriges Riksbank Economic Review 3（２０１８年）

【著者略歴】

津曲　俊英

1955年生。1978年に大蔵省（現財務省）入省後、金融部局、理財局国庫課長、財務総合政策研究所次長などを経て、2017年より津田塾大学総合政策学部教授。

貨幣の窮極にあるもの

2023年2月1日　第1刷発行

著　者　津　曲　俊　英
発行者　加　藤　一　浩

〒160-8520　東京都新宿区南元町19
発　行　所　一般社団法人 金融財政事情研究会
企画・制作・販売　株式会社 き ん ざ い
出 版 部　TEL 03(3355)2251　FAX 03(3357)7416
販売受付　TEL 03(3358)2891　FAX 03(3358)0037
URL https://www.kinzai.jp/

DTP・校正:株式会社友人社／印刷:三松堂株式会社

ISBN978-4-322-14187-0